Beck'sche Reihe
BsR 496

Vom Februar 1991 bis zum Juli 1992 haben, eingeladen vom Verlag C. H. Beck, sieben in der Welt angesehene Historiker, aus Deutschland, England, Israel und den Vereinigten Staaten, an der Universität München öffentliche Vorträge zur Geschichte der Juden in Europa gehalten. Dieser Band macht die vielbeachtete Vortragsreihe in Buchform zugänglich.

Die Juden in der europäischen Geschichte

Sieben Vorlesungen von
Saul Friedländer, Amos Funkenstein,
Eberhard Jäckel, Michael A. Meyer,
Jehuda Reinharz, David Sorkin,
Shulamit Volkov

Mit einer Einleitung von
Christian Meier

Herausgegeben von
Wolfgang Beck

VERLAG C. H. BECK MÜNCHEN

Die Vorlesungen von Saul Friedländer, Amos Funkenstein, Michael A. Meyer, Jehuda Reinharz und David Sorkin wurden aus dem Englischen von Karl Heinz Siber übersetzt.

Die Deutsche Bibliothek – CIP-Einheitsaufnahme

Die Juden in der europäischen Geschichte : sieben Vorlesungen / von Saul Friedländer ... Mit einer Einl. von Christian Meier. Hrsg. von Wolfgang Beck. [Die Vorlesungen wurden aus dem Engl. von Karl Heinz Siber übers.]. – Orig.-Ausg. – München : Beck, 1992
  (Beck'sche Reihe ; 496)
  ISBN 3 406 34088 1
NE: Friedländer, Saul; Beck, Wolfgang [Hrsg.]; GT

Originalausgabe
ISBN 3 406 34088 1

Einbandentwurf von Uwe Göbel, München
Umschlagbild: Siebenarmiger Leuchter. Illustration eines Raschi-
Kommentars aus dem 13. Jahrhundert
(Bayerische Staatsbibliothek Cod. hebr. 5/1 fol. 65^r)
© C. H. Beck'sche Verlagsbuchhandlung (Oscar Beck), München 1992
Gesamtherstellung: C. H. Beck'sche Buchdruckerei, Nördlingen
Printed in Germany

Thomas Nipperdey
(1927–1992)
gewidmet

Inhalt

Wolfgang Beck
Vorwort 9

Christian Meier
Einleitung 11

Eberhard Jäckel
Der Mord an den europäischen Juden und die Geschichte 20

Amos Funkenstein
Juden, Christen und Muslime. Religiöse Polemik
   im Mittelalter 33

David Sorkin
Juden und Aufklärung. Religiöse Quellen der Toleranz . 50

Michael A. Meyer
Soll und kann eine „antiquierte" Religion
   modern werden? 67

Shulamit Volkov
Juden und Judentum im Zeitalter der Emanzipation.
   Einheit und Vielfalt 86

Jehuda Reinharz
Jüdische Identität in Zentraleuropa vor dem
   Zweiten Weltkrieg 109

Saul Friedländer
Trauma, Erinnerung und Übertragung in der
  historischen Darstellung des Nationalsozialismus
  und des Holocaust 136

Die Autoren 152

Vorwort

Es ist unübersehbar, daß in den letzten Jahren in Deutschland die Beschäftigung mit jüdischer Geschichte und mit jüdischen Themen, die im 20. Jahrhundert auch traumatische deutsche Themen sind, sehr viel lebhafter, vielseitiger und intensiver geworden ist. Bücher, Zeitschriften, Ausstellungen, Museumsgründungen, Tagungen und Forschungsprogramme, sie alle vermitteln diesen Eindruck. Dennoch bleiben Zweifel: Wie tief- und weitreichend ist diese neue Auseinandersetzung mit jüdischer und mit deutsch-jüdischer Geschichte? Ist in einer *breiteren* Öffentlichkeit der Komplex aus Abwehr, Verdrängung, kaum bewußter Schuld und Scham, Unkenntnis und Gleichgültigkeit wirklich am Aufbrechen?

Als Beitrag und Initiative in diese Richtung versteht sich ein Vorlesungszyklus, den der Verlag C. H. Beck gestiftet hat, der eine erfreuliche Resonanz fand und der nun auch als Buch vorgelegt wird. In der Zeit zwischen Februar 1991 und Juli 1992 hielten an der Münchner Ludwig-Maximilians-Universität sieben international angesehene Historiker öffentliche Vorträge vor einem fachlich größtenteils nicht vorgebildeten Publikum zur Geschichte in Europa. Sechs der Vortragenden kamen, einer Einladung des Verlags folgend, von außerhalb Deutschlands nach München – aus Israel, den Vereinigten Staaten und England.

Vorlesungszyklus und Buch tragen den gleichen Titel „Die Juden in der europäischen Geschichte". Ein weites, fast unermeßliches Thema scheint angesprochen. Es ist klar, daß ein schmaler Band mit sieben Kapiteln nur einzelne Felder hieraus betrachten und wesentliche Grundzüge deutlich machen kann. Der Akzent liegt auf den mitteleuropäischen bzw. den jüdisch-deutschen Entwicklungen. Sie sind nur teilweise exemplarisch für andere Zonen Europas. Wahrhaft gesamteuropäisch und zugleich „deutsch" sind jedoch das Anfangs- und das Schlußkapitel, die sich aus unterschiedlicher Perspektive mit der Ermordung der europäischen Juden durch die Nationalsozialisten und damit dem Ende jüdischer Geschichte in weiten Teilen Europas befassen.

Wenn aus dem Bändchen Wesentliches zu lernen ist und wenn es – wie der herausgebende Verleger hofft – einen weiten Leserkreis anspricht, so ist dies vor allem den Autoren zu verdanken, darüber hinaus einer Reihe weiterer Mitwirkender. Der wissenschaftliche Beirat der Vorlesungsreihe, die Historiker Christian Meier und Thomas Nipperdey, haben sich zusammen mit dem Verlag die Themenfolge ausgedacht und die Wahl der Vortragenden getroffen. Christian Meier hat zusätzlich eine Einleitung für diesen Band beigesteuert. Der nachdrückliche Dank, den der Verlag dem Beirat schuldet, muß im Falle Thomas Nipperdeys posthum ausgesprochen werden. Thomas Nipperdey starb am 14. Juni 1992. Die Vorlesungsreihe war ihm ein wichtiges persönliches Anliegen. Dieser Band ist ihm gewidmet.

Das Zusammenwirken zwischen der Universität als Mitveranstalterin und dem Verlag war stets erfreulich und komplikationslos. Der Universität und ihrem Rektor Wulf Steinmann, dessen lebhaftes Interesse für die Vorlesungsreihe immer deutlich war, sei ebenso herzlich gedankt wie den vortrefflichen Helfern im eigenen Haus, Eva von Freeden und Peter Wieckenberg, die mit Umsicht die organisatorischen Fäden in der Hand hielten. Peter Wieckenberg hat sich außerdem um alle redaktionellen Belange gekümmert.

Der Hauptdank gebührt wie immer den Vortragenden und Autoren selbst, Saul Friedländer, Amos Funkenstein, Eberhard Jäckel, Michael A. Meyer, Jehuda Reinharz, David Sorkin und Shulamit Volkov, an deren Wissen, Einsichten und Gedanken wir Leser mit größtem Gewinn teilhaben.

München, im August 1992   *Wolfgang Beck*

Christian Meier

Einleitung

Die vom Verlag C. H. Beck gestiftete Vorlesungsreihe „Die Juden in der europäischen Geschichte" ist auf sehr großes Interesse gestoßen, sowohl innerhalb der Ludwig-Maximilians-Universität wie weit über sie hinaus. Sie hat auch in Presse und Rundfunk ein starkes Echo gefunden und ist dort zum Teil wiederholt worden.

Das war nicht nur durch den Rang der Vortragenden und die Qualität ihrer Vorlesungen bedingt. Vielmehr war es auch das Thema, das angezogen und in besonderer Weise bewegt hat.

Es gab nicht nur sehr viel zu lernen: über das dichte Aufeinanderbezogensein der „Konfrontationskulturen" von Christen- und Judentum seit dem Mittelalter, die schon alte Dialektik von gegenseitiger Anziehung und Abstoßung (Amos Funkenstein); über das zutiefst zwiespältige Verhältnis zwischen Aufklärern und Juden, das vom jüdischen Aufklärungskult der folgenden Jahrzehnte so leicht verdeckt wird (David Sorkin); über die inneren Schwierigkeiten einer Modernisierung der jüdischen Religion und darüber, daß die Christen diesen Versuchen eher mißtrauisch, wenn nicht ablehnend, jedenfalls verständnislos begegneten (Michael A. Meyer); über die grundlegende Einheit, die sich von heute her unterhalb der außerordentlich divergierenden Tendenzen im Judentum vor dem Ersten Weltkrieg annehmen läßt (Shulamit Volkov), sowie über die vielfältigen Bemühungen um die Neuausrichtung und Kräftigung jüdischer Identität im Zeichen des Zionismus (Jehuda Reinharz) – um nur stichwortartig den Inhalt zunächst der fünf mittleren Vorlesungen anzudeuten.

Sondern es war – für sehr viele der Hörer – vor allem die Entdeckung einer ganzen, in Deutschland wenig bekannten und bedachten Dimension deutscher und europäischer Geschichte zu machen. Den weitaus meisten Lesern dieses Buches wird es nicht anders ergehen.

Es wurde möglich, die Geschichte einer ganz außerordentlichen, übrigens ja auch der deutschen Sprache sehr mächtigen Minderheit gleichsam von innen zu sehen; sich ihr geradezu auszusetzen. Einer Minderheit, die in gewissem Sinne eine Randgruppe darstellte, obwohl sie eine lange Reihe hochbedeutender, prominenter Männer und Frauen hervorbrachte, ohne die die deutsche Wissenschaft, Kultur, Gesellschaft und Wirtschaft sehr viel ärmer gewesen wären. Man hat von ihr zwar immer gewußt, hat sich vielfältig an ihr gerieben, sich gar mit ihr herumgeschlagen – nicht umsonst war ja so viel die Rede von einer „Judenfrage" –, doch hat man sie in ihrer ganzen Eigenheit, in ihrem Recht auf das eigene Selbst kaum wahrgenommen, geschweige denn wirklich respektiert.

Auch soweit unsere Vorfahren im achtzehnten, neunzehnten und frühen zwanzigsten Jahrhundert den Juden mit Sympathie, mit Respekt, mit Humanität begegnet sind: Was wußten sie schon von ihnen als Juden, als Angehörige einer alten, ehrwürdigen Religion, als durch eine lange, leidvolle, nachhaltig erinnerte und stark in Anspruch nehmende Geschichte Geprägten? Was wußten sie davon, wie unglaublich schwer es für diese war, sich in den unerhörten Spannungen zwischen Herkunft und Gegenwart zu behaupten; zwischen dem engeren Kreis von Familie und Religion und dem weiteren der Arbeitswelt, der Kultur, der ganzen Umgebung, welche christlich war bis in die Vorstellungen von Moral, Modernität und Geschichte hinein (und nicht zum wenigsten bei denen, die mit der christlichen Religion nicht mehr viel zu tun haben wollten)? Gewiß, die Spannungen konnten höchst fruchtbar sein; aber wie vieles ist in ihnen – und in den Spaltungen unter den Juden, zu denen es unter den kritischen bis ablehnenden Reaktionen der andern kam – zerbrochen! Was wußten unsere Vorfahren von den Problemen, in solcher Umgebung eine Identität zu entwickeln, sich selbst zu bestimmen, ohne sich dabei ganz untreu zu werden und ohne das eigene Ehrgefühl zu opfern? Achteten sie nicht nur auf das, was sie den

Juden als Aufgabe zudachten (zu werden wie unsereiner), ohne zu wissen, wieviel an Selbstaufgabe sie dabei verlangten?

Hatte nicht selbst die Freundlichkeit ihrer Freunde den Juden gegenüber etwas Gönnerhaftes? Lief sie nicht darauf hinaus, daß man sie als Einzelne wohl annehmen wollte, zwar also als Abkömmlinge, kaum aber als Mitglieder der Gruppe, der sie so sehr zugehörten, ob sie es wollten oder nicht; im Sinne einer Zugehörigkeit, die ihnen um so mehr anhaftete, je mehr sie ihnen auch von außen ständig und konfrontierend zugedacht wurde? Im Sinne jenes Jahrhunderte, wenn nicht Jahrtausende langen Prozesses von Anziehung und Abstoßung, in dem gegenseitige Abgrenzung und die Befestigung des Zusammenhalts, gerade in der bedrohten Minderheit, einander immer neu produzierten.

Wie sehr hat man die Juden, wo man sie schätzte, geschätzt, obwohl sie es waren? Indem man vergessen wollte, daß sie es waren – um es dann doch wieder an ihnen wahrzunehmen? Nie konnten sie es einem, solange sie Juden waren, recht machen. Waren sie orthodox, mochte es noch angehen: dann waren sie religiös einfach veraltet. Wenn sie aber ihre Religion reformierten, wenn sie liberal sein wollten, hieß das, daß nicht nur das Christentum modern war, so daß man sich selbst in Frage gestellt sah. Die Assimilation erregte die Abneigung, das Mißtrauen, den Haß stärker noch als das Anderssein. Und das Urteil darüber, ob man die religiösen Reformen gutheißen wollte, hing letztlich davon ab, von wo man meinte, daß der Übergang zum Christentum leichter war, vom orthodoxen oder vom liberalen Judentum. An anderes war nicht gedacht.

Thomas Nipperdey hat von der „utopischen, ungeduldigen Erwartung" gerade auch der damaligen deutschen Liberalen gesprochen, „daß die Emanzipation der Juden die gänzliche Assimilation und das Aufhören aller spezifischen Gruppenmerkmale bedeute". Dahinter lag ein unentwirrbares Gemisch von zum Teil sich widersprechenden Auffassungen der eigenen Überlegenheit und zugleich eines vermeintlichen Bedrohtseins. Aber vielleicht war da gar kein Widerspruch? Vielleicht war das aufklärerische, das liberale Selbstbewußtsein so stark wie gewagt und bedroht – und projizierte die eigene Angst gerade auf jene Gruppe, der es keineswegs an Aufklärung gebrach, deren Existenz sich aber fortschrittlicher historischer Stromlinigkeit sperrte?

Auch die Lehre von der Universalität des Menschentums hatte jedenfalls die Geltung christlicher Moral zur Voraussetzung; und wo man die jüdische Religionszugehörigkeit nicht mehr als Hindernis ansah, schob sich in deren Folge die Frage, ob aus ihr christliche Moral, also Tugend erwachsen könne, in den Vordergrund. Das Problem prolongierte sich nur – und verschärfte sich zum Teil noch –, indem es sich säkularisierte. Angesichts der Auffassung, daß allein die christliche Religion fortschrittsfähig sei, implizierte auch der Glaube an den Fortschritt, an die Macht der Geschichte die Selbstaufgabe der Juden als Juden. Für die *eine* Geschichte der Menschheit bedeuteten die Juden offenbar einen Einwand. Alle Zugeständnisse ihrer Gleichstellung verbanden sich mit der Erwartung ihrer Angleichung an die Christen, wenn sie diese nicht gar zur Vorbedingung haben sollten. Da die gänzliche Assimilation aber nicht möglich, ja: da sie eine Zumutung war, konnte die Emanzipation selbst nur streckenweise und auf Abruf gelingen.

Wie fremd ist uns noch heute die innerjüdische Perspektive! Wie sehr horcht man auf, wenn etwa Shulamit Volkov feststellt, die hohe Konversionsrate unter den Juden Ende des achtzehnten Jahrhunderts möchte ein Indikator der Gefahr gewesen sein, die das Judentum damals bedrohte. Wieso Bedrohung? Wieso Gefahr? Wo die Konversion doch – so will es uns nur allzu leicht noch heute scheinen – zu ihren Gunsten hätte sein sollen! Aber eben als Einzelne, als Losgelöste von Herkommen, Religion, Gruppe. Das Interesse des Judentums, Judentum zu bleiben, neigen wir dabei zu übersehen – samt dem Wunsch so vieler, sich treu zu bleiben, den gerade der Antisemitismus zum Teil determiniert, jedenfalls sehr verstärkt hat.

Es ist von heute her nicht leicht zu verstehen, wie man einer Gruppe, deren Angehörige innerhalb der deutschen Gesellschaft so wichtige Leistungen vollbrachten und sich vielfach – wie zuletzt Thomas Nipperdey eindrucksvoll gezeigt hat – gerade durch ihre Modernität auszeichneten, immer wieder mit dem Vorurteil begegnete, daß sie einer veralteten Religion angehörten. Aber da war offenbar eine tief eingewurzelte Ideologie jeder Empirie im Wege. Da war eine tiefe Abneigung gegen Pluralismus am Werk, letztlich wohl immer noch genährt dadurch, daß das Christentum sich gerade im Blick auf das Volk des Alten Testaments nicht leicht nur als eine andere Art des Glaubens an Gott verstehen konnte. In diesem Punkt war das Abendland noch lange sehr christlich; weitgehend bis heute.

So haftete letztlich noch der Toleranz eine Intoleranz an, die sie als provisorisch erscheinen ließ. Das Anderssein wurde nur für den Übergang zugestanden.

Michael A. Meyer hat seine Vorlesung damit geschlossen, daß er feststellte, was die Deutschen im neunzehnten Jahrhundert der jüdischen Religion nicht zugestanden hätten – die Existenzberechtigung –, hätten sie später, im zwanzigsten, auch den Menschen entzogen. Was immer die Geschichte an anderen Möglichkeiten noch geboten hat, nachträglich, nach Auschwitz, drängt sich dieser Zusammenhang auf.

Nach dem Mord an den europäischen Juden erscheint vieles in anderer Perspektive. Die verzweifelten Bemühungen um eine Assimilation oder um die Behauptung als deutsche Staatsbürger jüdischen Glaubens nehmen sich angesichts ihres radikalen Scheiterns anders aus als zuvor. Als Judentum erscheint nach den rassistischen Zuweisungen, die das nationalsozialistische Deutschland vornahm, ein viel größerer, viel differenzierterer Kreis als zuvor, da die Taufe praktisch für gleichgültig erklärt wurde. Man darf die Zuweisung nicht übernehmen, aber man kann sich ihren Konsequenzen kaum entziehen. Manches an der Geschichte des deutschen Antisemitismus wird vielleicht empfindlicher aufgenommen, als nach rein historischen Maßstäben angemessen wäre. Manches mag nachträglich eindeutiger anmuten, als es ursprünglich war. Aber auch dieses, speziell der Perspektivenwandel und die seitdem notwendige Multiperspektivität der Betrachtung gehört zu der Geschichte, um die es hier geht – und die man sich so leicht nicht bewußt machen kann.

Kurz, diese Vorlesungsreihe hat die meisten ihrer Hörer nicht nur mit vielem bekannt gemacht, was sie nicht – oder so nicht – wußten, sondern ihr hauptsächlicher Ertrag war, daß sie die

Geschichte dieser Minderheit als Geschichte eigenen Rechts herausgearbeitet hat, eine Geschichte, der wir nur beikommen können, wenn wir uns selbst ein ganzes Stück weit in Frage ziehen; wenn wir uns ins Innere dieser Minderheit zu versetzen suchen; wenn wir uns, denn das ist ja die Konsequenz, diese an großen, an schönen und an verzweifelten Hoffnungen, an Enttäuschungen, Erniedrigungen und Erfolgen, an Spannungen, Verwundungen, an Traurigkeiten und Melancholie, nicht zuletzt an Größe so reiche, so wahrhaft zu Herzen gehende Geschichte einmal wirklich vor Augen und Bewußtsein führen.

Der Mord an den europäischen Juden während der NS-Periode der deutschen Geschichte war nicht direkt Thema der Reihe. Der Eingangsvortrag von Eberhard Jäckel, der ihn im Titel trug, handelte vor allem von den Problemen, vor die er den Historiker stellt. Dies mag darin begründet sein, daß dieser Mord so ungeheuerlich, so jenseits aller Möglichkeiten des Verstehens und Begreifens ist, daß mit ihm bei ernsthafter Betrachtung immer zugleich die Frage sich aufdrängt, wie man überhaupt von ihm reden kann.

Zwar gilt das für alle. Aber es gilt, auf je verschiedene Weise, besonders für Deutsche und für Juden. So hat es auch seinen guten Sinn, daß ein Angehöriger des „Volks der Täter" am Beginn stand – und einer aus dem „Volk der Opfer" am Ende, Saul Friedländer. Auch in diesem Punkt ist nicht nur vieles noch zu lernen. Jäckel spricht vielmehr von Aufgaben, die noch nicht einmal erkannt worden sind. Vor allem aber zeigt Friedländers Vorlesung, wie sehr in Hinsicht auf jenes Ereignis, das als „Holocaust", „Shoah" oder „Auschwitz" nur unzulänglich zu bezeichnen ist, andere potentielle Identifikationen als bisher notwendig, andere Standpunkte einzunehmen sind. Und was alles man da an ganz neuen Kategorien zu entwickeln hat.

Der Historikerstreit hat gezeigt, daß die deutsche Gesellschaft meinte – und ja wohl heute noch meint –, daß sie auch dieses für sie existentiell wichtige Problem Fachleuten überlassen könnte. Wie wenn man die Frage, wie ein Volk damit lebt, daß in seinem Namen, auf Befehl seiner Regierung, unter vielfältiger direkter und vor allem indirekter Mitwirkung seiner Angehörigen beispiellose, einzigartige Verbrechen begangen worden sind – wie wenn man also diese Frage nicht in der ganzen Breite der Gesellschaft beantworten müßte. Denn besondere Fachkenntnisse, wie sie nur der Historiker hat, sind dazu ja nicht erforderlich.

Die Fachleute haben dann auch deutlich gemacht, daß sie die Frage nicht verstanden haben. Sie haben eher über Fakten, Vergleiche, Zusammenhänge, über moralische Forderungen und wissenschaftliche Ansprüche diskutiert – als über die fortwirkende Realität und die mythische Qualität, die dieses Ereignis nicht nur für die, die dem „Volk der Opfer" zugehören, sondern für alle hat, und über die Möglichkeit, damit zu leben.

Und diese Frage bleibt wach. Sie ist nie auf längere Strecken kontinuierlich diskutiert worden. Immer waren es besondere Erlebnisse, Erfahrungen, neue Darstellungen (wie etwa der Holocaust-Film), die sie in den Vordergrund brachten. Das wird auch in Zukunft so sein. Jedenfalls ist die Problematik mit der Herstellung der deutschen Einheit und dem Zusammenbruch des Ostblocks nicht erledigt. Zwar regt sich hier und dort die Meinung, nun sei auch die Geschichte anders zu sehen als in den Jahrzehnten zuvor. Das ist auch in manchem richtig, aber in vielem eben nicht. Jeder, der es wissen wollte, wußte schon vor 1989 genug, um zu sehen, daß auch unter kommunistischen Regimen Verbrechen ungeheuerlichsten Ausmaßes begangen worden sind – und was immer man dazulernen mag, es ist unwahrscheinlich, daß die Einzigartigkeit der deutschen Verbrechen dadurch in Frage gestellt wird.

Die besondere Aktualität der letzten Vorlesung besteht darin, daß das Problem des Umgangs mit dem Mord an den europäischen Juden weiter brennend sein und daß es sich unter immer neuen Perspektiven stellen wird. Ohne jede Unterschätzung der Distanz zwischen den Juden und uns: Diese Vergangenheit bindet uns aneinander und macht die jüdische Geschichte auch für die Deutschen nachhaltig wichtig.

Man sollte aus dieser Reihe eine Konsequenz ziehen, zumindest für die Münchner Universität, an der sie stattfand: Wir brauchen mehr Professuren für jüdische Geschichte. Nicht nur des Stoffes wegen, obwohl dieses Motiv schon ausreichte, nicht nur, um in der wissenschaftlichen Arbeit wenigstens etwas auch von der Dankbarkeit wahrzumachen, die die Deutschen dieser außerordentlichen Minderheit schuldig sind; übrigens schuldig wären, auch wenn wir sie dann nicht vernichtet hätten.

Nein: Geschichtswissenschaft an anspruchsvollen Universitäten muß auch bestrebt sein, eine Fülle wichtiger Gesichtspunkte exemplarisch vertreten zu haben. Die einzelnen Teildisziplinen, welche bestimmte Epochen oder bestimmte Geschichten zum Gegenstand haben, stehen immer zugleich für die Behandlung bestimmter allgemeinerer Probleme, die gerade an ihnen studiert werden können.

So ist für das Studium der Identitätsgeschichte, das heute und in absehbarer Zukunft von größter Bedeutung ist, keine andere Geschichte so geeignet wie die der jüdischen Minderheit in Deutschland, in Europa. Wobei – nebenbei gesagt – der Vergleich zwischen Deutschland und anderen westeuropäischen Ländern wichtig wäre. So entfernt und kaum vergleichbar es sein mag: Ich muß gestehen, daß ich kein Beispiel kenne, an dem man auch die heutige Problematik zwischen Ost- und Westdeutschen so gut verstehen kann – mit all den Rücksichtslosigkeiten, allen Pauschalisierungen, all den Zumutungen auf Selbstaufgabe, die da begangen werden –, um von den Problemen der Multikulturalität zu schweigen, die doch wohl sinnvollerweise besser nicht als Sache der Folklore aufzufassen ist; und deren Bedeutung noch zunehmen wird.

Daher hat diese Reihe eine Bedeutung weit über ihren unmittelbaren Gegenstand hinaus. Daher hat sie, auch wenn sie Hörer und Leser zunächst und vor allem in Hinblick auf das Geschick der jüdischen Minderheit, das uns so dringend angeht, fesselt, eine exemplarische Bedeutung, die nicht verkannt werden darf. Denn in irgendeinem Sinne, und trotz aller Enttäuschungen, muß ja doch aus der Geschichte auch gelernt werden. Die Reihe ist also als Anfang zu verstehen, der eine Fortsetzung, eine kontinuierliche Fortsetzung verlangt.

Man muß dem Verlag für die Stiftung dieser Vorlesungen sehr dankbar sein. Dank gebührt aber auch den Referenten, daß sie sich der schwierigen Aufgabe dieser Vorträge unterzogen haben. Sie haben es im Geist strenger Wissenschaftlichkeit getan, auch wenn hinter ihren Ausführungen oft ein zweiter, ein verborgener Text mitzuhören war.

Eberhard Jäckel

Der Mord an den europäischen Juden und die Geschichte

Im November 1943 begleitete ein junger Niederländer, der für Radio Oranje, den Rundfunk der niederländischen Exilregierung in Britannien, arbeitete, seinen Ministerpräsidenten über das Wochenende auf ein Landhaus außerhalb von London. Dort gab er ihm einige der Berichte zu lesen, in denen Gerhart Riegner, der Vertreter des Jüdischen Weltkongresses in Genf, aufgrund der ihm zugehenden Informationen die Mordvorgänge in Hitlers Europa mit bemerkenswerter Genauigkeit beschrieb. Nachdem er gelesen hatte, blickte der Ministerpräsident den jungen Mann völlig entgeistert an und sagte: „De Jong, glauben Sie, daß das wahr ist?" Dieser, ein Jude aus Amsterdam, der kurz zuvor erfahren hatte, daß seine Eltern und seine Schwester deportiert worden waren, antwortete: „Ja." Aber er ist bis heute nicht ganz sicher, den Ministerpräsidenten überzeugt zu haben.

Als Louis de Jong, der Historiker, diese Geschichte aus seinem Leben 45 Jahre später einem amerikanischen Publikum an der Harvard-Universität erzählte, fügte er die folgende Überlegung an, ja, er hatte die Geschichte in Wahrheit nur erzählt, um diese Bemerkung machen zu können:

„Hier nähern wir uns einem Aspekt des Massenmordes an den Juden, der von ganz grundlegender Bedeutung ist und nie genug betont werden kann: daß dieser Massenmord, als er stattfand, über das Vorstellungsvermögen von fast allen damals lebenden Menschen einschließlich der Juden hinausging. Jeder wußte, daß die menschliche Geschichte von endlosen Grausamkeiten entstellt war. Aber daß Tausende, nein, Millionen von Menschen – Männer, Frauen und Kinder, alte und junge, gesunde und kranke – getötet würden, mechanisch, gleichsam industriell beseitigt, daß sie wie Ungeziefer ausgerottet würden, das war eine dem menschlichen Geist so fremde Vorstellung, ein Geschehen so grauenvoll, so *neu,* daß die instinktive, ja die natürliche Reaktion der meisten Menschen war: das kann nicht wahr sein."[1]

Louis de Jong unterstrich in seiner Bemerkung das Wort „neu" und kennzeichnete damit, mit drei Buchstaben, das Wesensmerkmal des Mordes an den europäischen Juden im Zweiten Weltkrieg und die ganze Problematik seiner Geschichte. Etwas, das neu ist, hat es zuvor nicht gegeben. Es ist ohne Vorgang, ohne Beispiel, und so etwas vermag der menschliche Geist immer nur mit Mühe zu erfassen. Was vollständig neu ist, ist in dem Augenblick, in dem es sich ereignet, einzigartig.

Es hat vor einigen Jahren, im sogenannten Historikerstreit, einen Ansatz zu einer Kontroverse über diese Einzigartigkeit gegeben, der jedoch nicht ausgetragen wurde. Die einen hielten der These entgegen und provozierten damit den Streit, der Mord sei nicht einzigartig oder neuartig gewesen, sondern derartiges habe sich schon früher wiederholt oder zumindest einmal ereignet. Der Streit sei fruchtlos, setzten andere hinzu, denn jedes Ereignis sei einmalig und singulär. Die erste Entgegnung war falsch, die zweite banal. Wieder andere überspitzten die These von der Einzigartigkeit, indem sie sie allgemein auf das Regime und seine Verbrechen erstreckten. Auch das war offensichtlich falsch. Das Regime, eine terroristische Diktatur, war nicht neuartig gewesen, und auch die Konzentrationslager, in denen Mißliebige festgehalten, geschunden und auch getötet wurden, waren es weder dem Namen noch der Sache nach.[2]

Was neuartig und insofern einzigartig war, war allein, daß noch nie zuvor ein Staat beschlossen hatte, eine Gruppe von Menschen, die er als Juden kennzeichnete, einschließlich der Alten, der Frauen, der Kinder und der Säuglinge ohne jegliche Prüfung des einzelnen Falles möglichst restlos zu töten, und diesen Beschluß mit staatlichen Maßnahmen und Machtmitteln in die Tat umsetzte, indem er die Angehörigen dieser Gruppe nicht nur tötete, wo immer er sie ergreifen konnte, sondern in vielen Fällen, zumeist über große Entfernungen, in eigens zum Zweck der Tötung geschaffene Einrichtungen verbrachte.

Diese Definition ist – und das sei noch einmal hervorgehoben, weil sie vielfach mißverstanden wurde – weder eine moralische noch eine quantitative, sondern eine rein historische. Sie will nicht zum Ausdruck bringen, daß dieser Mord besonders verabscheuungswürdig war, was der Historiker in strenger Auffassung seines Berufes als Wissenschaftler, der sich der Werturteile enthalten muß, ohnehin nicht beurteilen kann. Sie hebt auch nicht auf die Zahl der Opfer ab. Sie ist nichts weiter als eine wissenschaftliche Aussage, der Widerlegung zugänglich, aber bisher nicht widerlegt, die besagt: Etwas Derartiges hatte sich zuvor nicht ereignet.

Einzigartigkeit heißt nicht Unvergleichbarkeit. Selbstverständlich ist das Ereignis mit anderen Ereignissen vergleichbar. Logischerweise muß es sogar verglichen werden, denn nur aus einem Vergleich kann sich ergeben, ob es einzigartig war oder nicht. Einzigartigkeit ist ferner von Einmaligkeit zu unterscheiden. Jedes Ereignis ist insofern einmalig, als es sich immer von anderen Ereignissen unterscheidet. Kein Ereignis ist jemals einem anderen ganz gleich. Diese Feststellung ist, wie gesagt, banal. Die Ereignisse teilen wir jedoch in Arten ein und stellen fest, daß manche mehrfach auftreten. Mehrfach auftretende Ereignisarten sind etwa Kriege, Revolutionen, Diktaturen. Sie sind insofern einmalig, als sie sich voneinander unterscheiden. Sie sind aber nicht einzigartig, da sie sich einer bereits bekannten Ereignisart zuordnen lassen.

Man kann den Befund auch an Beispielen veranschaulichen. Erlauben Sie mir ein einziges, ehe ich zur wissenschaftlichen Betrachtungsweise zurückkehre. Ziemlich genau zu jener Zeit, als der niederländische Ministerpräsident in London auf die ihm vorgelegten Berichte so ungläubig reagierte, wurde in das Durchgangslager Westerbork in den Niederlanden eine Frühgeburt eingeliefert, auf Weisung des Kommandanten ärztlich versorgt, in einen Brutkasten gelegt und dann, als sie lebensfähig war, nach Auschwitz deportiert. Muß man erläutern, daß die Tötung eines unschuldigen Kindes nicht einzigartig ist, wohl aber die Art dieser Tötung?[3]

Ich kehre zurück zu der Bemerkung von Louis de Jong: Es ist

von ganz grundlegender Bedeutung und kann nie genug betont werden, daß das Ereignis *neu* war und deswegen die menschlichen Vorstellungsmöglichkeiten überstieg. Das sagt sehr viel darüber aus, warum die Täter so weithin Erfolg hatten. Es sagt aber auch viel darüber aus, und das ist das Thema meines Vortrags, warum das Ereignis nicht oder doch nur sehr verzögert Geschichte wird: der Mord an den europäischen Juden im Zweiten Weltkrieg und die Geschichte.

Geschichte ist das Bild, das wir uns von Vergangenheit machen. Dieses Verfahren wird dadurch leichter, anfangs überhaupt nur möglich, daß wir das Geschehen in bereits bekannte Begriffe fassen. Als der französische König Ludwig XVI. von dem Ereignis des 14. Juli 1789 erfuhr, versuchte er sofort, es durch einen Vergleich mit früheren Ereignissen zu erfassen, indem er sagte, das sei eine Revolte. Er mußte sich jedoch belehren lassen, sein Begriff sei unzulänglich, es handele sich in Wahrheit um eine Revolution. Die Geschichte mag wahr sein oder erfunden, so verfährt der menschliche Geist: Nur Vergleiche und daraus abgeleitete Begriffe lassen ihn begreifen. Ein einzigartiges, weil präzedenzloses Geschehen ist diesem Verfahren zunächst nicht zugänglich. Es kann nicht auf einen bekannten Begriff gebracht werden. Genau das ist die Geschichte der Geschichte des Mordes an den Juden.

Das galt schon für die Täter, die anfangs als einzige wußten, was geschah. Aber sie bewegten sich, wie der amerikanische Historiker Christopher Browning einmal anschaulich gesagt hat, auf einem Gelände, für das es keine Landkarten gab. Sie hatten daher auch keinen Begriff dafür und nannten das Geschehen Endlösung der Judenfrage. Das jedoch war nur die Beschreibung der Absicht. Die Opfer hingegen wußten nicht, was geschah. Sie versuchten zuerst, das Geschehen in der üblichen Weise zu erfassen, indem sie es mit den ihnen bekannten Pogromen verglichen, und suchten dann, als ihnen dieser Vergleich ungenügend erschien, nach bekannten Begriffen in der Bibel wie zunächst *churban* und bald *shoah*. Die übrigen, für die nur die englische Sprache den Begriff der *bystanders* hat, nahmen das Ereignis entweder überhaupt nicht wahr oder faßten es in den bekannten (aber unzutreffenden) Begriff der Kriegsverbrechen.

Es ist bezeichnend und geradezu Beweis der Einzigartigkeit, daß das Ereignis bis heute keinen allgemein üblichen Namen bekommen hat, daß es nicht übereinstimmend und zulänglich auf einen Begriff gebracht werden konnte.

Nur im Hebräischen hat sich ein Begriff allgemein durchgesetzt: *ha shoah,* „die Katastrophe". Er stammt aus der Bibel, aus Jesaja (10,3), aus einer Geschichte über die Heimsuchung des Volkes Israel in Krieg und Verfolgung. Er ist, wie alle Begriffe, nicht unumstritten, aber vollkommen eindeutig. Er meint jetzt nur noch dieses Ereignis und kein anderes. Er ist der offizielle Begriff im Staat Israel, wo alljährlich der Gedenktag *yom ha shoah* begangen wird. Aber das Wort hat den Nachteil, daß es nur mit „Katastrophe" oder „Unheil" übersetzt werden kann und daher in anderen Sprachen nicht hinreichend spezifisch ist.

In anderen Sprachen setzt sich, vom Englischen ausgehend, zunehmend der Begriff *Holocaust* durch. Er ist auf noch nicht geklärte Weise, aber jedenfalls spät entstanden. Noch 1959 erschien in New York ein Roman mit diesem Titel von Paul Benzaquin – und handelte von einem Brand in einem Nachtklub in Boston ausgerechnet im Jahr 1942. In einem Lexikon neuer Wörter im Englischen ist das Wort erstmals 1972 in seiner neuen Bedeutung verzeichnet. Im Deutschen fehlte es noch 1974 in Meyers Enzyklopädischem Lexikon, auch 1977 im Großen Duden, und verbreitete sich erst nach der Ausstrahlung des amerikanischen Fernsehfilms „Holocaust" im Januar 1979.

Das Wort stammt auch aus der Bibel, aus Moses (1,22), und ist eine griechische Übersetzung des hebräischen Wortes *olakalil,* „was ganz im Rauch aufsteigt", die seltsamerweise in die englische Bibelübersetzung geriet, während Luther das Wort mit „Brandopfer" übersetzte. Seitdem ist *holocaust* ein englisches Wort, das im engeren Sinne Brandopfer, wörtlich: „was ganz verbrannt wird", meint und im übertragenen Sinne eine vollständige Zerstörung, besonders durch Feuer. Die Geschichte in der Bibel ist bekanntlich, daß Gott Abraham versuchen wollte und von ihm verlangte, seinen einzigen Sohn Isaak, den er lieb hatte, zum Brandopfer zu opfern.

Es genügt, die Geschichte zu lesen, um zu erkennen, daß das

Wort zur Bezeichnung des Mordes an den europäischen Juden im Zweiten Weltkrieg nicht nur unangemessen, sondern geradezu anstößig ist. Denn Hitler liebte sein Opfer nicht, noch wollte er es opfern, ganz abgesehen davon, daß Gott schließlich Abraham auftrug, Isaak nicht zu töten, und das Opfer nicht getötet wurde. Ein Kenner der Bibel kann es eigentlich nicht gewesen sein, der diesen Begriff auf den Mord an den Juden übertrug.

Aber selbst im übertragenen Sinn ist das Wort untauglich, zumal im Deutschen, wo es ein griechisch-englisches Fremdwort ist, dessen Aussprache unsicher ist und das man eigentlich mit k schreiben müßte. Nicht einmal im Englischen ist es spezifisch genug, da es auch auf Großbrände angewandt werden kann und nun auch auf andere Vorgänge angewandt wird, wie „der atomare Holocaust", „der ökologische Holocaust" und so weiter. Damit wird die Einzigartigkeit aufgehoben.

Das gilt auch für den Begriff des Genozids, den der aus Polen stammende Völkerrechtler Raphael Lemkin in seinem 1944 in den Vereinigten Staaten erschienenen Buch „Axis Rule in Occupied Europe" prägte und der dann von der Konvention der Vereinten Nationen vom 9. Dezember 1948 als Völkermord zu einem völkerrechtlichen Verbrechen erklärt wurde. Lemkin schrieb über die deutsche Besatzungspolitik im Zweiten Weltkrieg und folgerte, daß sie auf die Vernichtung der unterworfenen Völker, eben einen Genozid hinauslief. Die besondere Dimension des Mordes an den Juden war ihm nicht bewußt. Entsprechend definierte die UN-Konvention, die mit Gesetz vom 9. August 1954 von der Bundesrepublik Deutschland übernommen wurde, den Genozid oder Völkermord nicht allein als planmäßige Tötung eines Volkes, sondern auch als die bewußte Auferlegung von Bedingungen, die geeignet sind, die physische Vernichtung einer Gruppe herbeizuführen. Auch das hebt die Einzigartigkeit auf.

Der amerikanische Historiker Arno J. Mayer hat kürzlich den Begriff Genozid spezifiziert und Judeozid vorgeschlagen, aber auch das ist nicht hinreichend eindeutig und hat überdies, soweit ich sehe, bisher keinerlei Anklang gefunden.[4]

Ich bestehe daher darauf, das Ereignis als den Mord an den europäischen Juden im Zweiten Weltkrieg zu bezeichnen. Dieser Begriff hat zwar den Nachteil, lang und umständlich zu sein, ist aber, bis ein besserer Vorschlag gemacht wird, der einzig angemessene.

Der begrifflichen Resistenz entspricht die historische. Anders ausgedrückt: Die Geschichte des Wortes ist bezeichnend für die Geschichte der Sache. Sie drang erst spät ins Bewußtsein der Menschen, keineswegs nur in Deutschland. Es ist fast nicht zu glauben, aber es dauerte fast 25 Jahre, bis einer größeren Öffentlichkeit bewußt wurde, daß etwas Außerordentliches geschehen war.

Während die Entdeckung der Konzentrationslager in Deutschland am Ende des Krieges einen unmittelbaren Schock in der westlichen Welt hervorrief, traten die Vernichtungslager in Polen zunächst kaum in das öffentliche Bewußtsein. Ihre Orte verschwanden hinter dem Eisernen Vorhang, und die Sowjetunion war an einer Aufklärung nicht interessiert. In ihrem Herrschaftsbereich durften die Juden als besondere Zielgruppe der Vernichtungspolitik nicht hervorgehoben werden. Die Denkmäler durften ihren Namen nicht tragen.

Die Nürnberger Prozesse fanden zwar die großen Linien der nationalsozialistischen Politik sehr rasch und mit großer Genauigkeit heraus. Der Mord an den europäischen Juden aber erschien nur als ein Fall von Verbrechen gegen die Menschheit unter vielen anderen. Seine zentrale Rolle im Herrschaftssystem, seine Einzigartigkeit wurde nicht erkannt.

Entsprechend spät geriet der Gegenstand in die Forschung. Die ersten Gesamtdarstellungen, von Léon Poliakov (1951), von Gerald Reitlinger (1953) und von Raul Hilberg (1961), waren vorwiegend Bestandsaufnahmen und lösten keine Kontroversen aus, obwohl jedenfalls Hilberg auch eine sehr diskussionswürdige Erklärung vorlegte.

Inzwischen ist die Einzelforschung weit vorgeschritten. Das öffentliche Interesse nimmt von Jahr zu Jahr zu. In Israel und den Vereinigten Staaten gibt es eigene Forschungsinstitute nur für dieses Ereignis. Die Hergänge sind im allgemeinen in allen Einzelheiten bekannt. Und doch lag lange ein merkwürdiger Hauch von wissenschaftlicher Hemmung über ihnen. Sehr zutreffend sprach Martin Broszat 1977 von der Tendenz, „die Judenvernichtung als eine Art metahistorisches Ereignis" aufzufassen, das der genauen Untersuchung nicht bedürfe, während in Wahrheit zumal die Genesis durchaus noch im dunkeln liege. Das war ein Wendepunkt, von dem die erste Kontroverse ausging.[5]

Ganz einfach ging es dabei um die Frage: Ist der Mord in Gang gekommen, oder hat ihn jemand in Gang gesetzt? Anders ausgedrückt: Ging er auf eine Initiative Hitlers zurück, oder ergab er sich aus den antijüdischen Maßnahmen in einer Akkumulation? Oder war vielleicht beides zugleich der Fall?

Derlei Fragen nach sogenannten Ursachen gehören auch sonst in der Forschung zu den schwierigsten und umstrittensten. Man denke etwa an die Kontroversen über die Ursprünge von Kriegen oder Revolutionen. Nur waren diese Kontroversen meist sofort nach den Ereignissen, oft schon in ihrem Verlauf entstanden und hatten große öffentliche Aufmerksamkeit gefunden. Im Falle des Mordes an den Juden hingegen galt lange die Ableitung aus dem Antisemitismus als hinreichende Erklärung, und es dauerte über zwanzig Jahre, bis die schrittweise Entstehung des Mordes zum Forschungsproblem wurde. Auch dann blieb die Kontroverse auf ein paar Spezialisten beschränkt. Die jüngste einschlägige Untersuchung von dem Schweizer Historiker Philippe Burrin, „Hitler et les Juifs" mit dem Untertitel „Genèse d'un génocide" (1989), ist zwar ein Meisterwerk, hat aber über den Kreis der Fachleute hinaus kaum Aufmerksamkeit gefunden.

Die größere Öffentlichkeit begnügt sich noch immer mit dem Ausdruck lähmenden Entsetzens und nimmt die Einzelheiten des Hergangs kaum zur Kenntnis. Während jeder Gebildete etwa von den Ursachen und dem Verlauf des Zweiten Weltkrieges mehr oder weniger genaue Vorstellungen hat, scheinen die Kenntnisse vom Verlauf des Mordes an den Juden im allgemeinen gering. Gewiß wird man ihn nie wie andere Ereignisse begreifen oder gar verstehen können, aber er wird auch nicht wie die übrige Vergangenheit in unsere Geschichte aufgenommen.

Noch weniger vermögen wir ihn einzuordnen, ihm einen Ort im historischen Zusammenhang zuzuweisen. Die ersten Geschichten des Zweiten Weltkrieges, die 1950 und 1951 in Deutschland erschienen, aber auch die 1970 in England veröffentlichte von B. H. Liddell Hart, erwähnten den Mord an den Juden nicht mit einem einzigen Wort.[6] Er schien zur Kriegsgeschichte nicht zu gehören. Erst in den sechziger Jahren wurde er aufgenommen, aber nun fast immer im Zusammenhang mit dem Rußlandfeldzug und den Kriegsverbrechen. Ein eigenes Kapitel wurde dem Ereignis erstmals 1989 in der Weltkriegsgeschichte von dem britischen Historiker R. A. C. Parker zuteil, und er hob auch die Einzigartigkeit hervor, indem er schrieb: „Es gab im Zweiten Weltkrieg unterschiedslose Tötungen, aber etwa die konventionellen oder nuklearen Bombardierungen waren dazu gedacht, den Krieg zu gewinnen, und wurden nicht als etwas in sich Wünschbares ausgeführt. [Der Mord an den Juden] ist der einzige Fall eines von einer Regierung geleiteten, bürokratisch organisierten Versuchs der Vernichtung eines ganzen Volkes."

In den Geschichten der nationalsozialistischen Zeit war es von vornherein anders, besonders deutlich in der von Hermann Mau und Helmut Krausnick in Rassows 1953 erschienenem Handbuch der deutschen Geschichte. Aber hier erschien der Mord zumeist als Ausfluß der Verfolgung der deutschen Juden, der sich dann im Kriege auch auf andere Länder erstreckte.

Daß das Ereignis sich im Zweiten Weltkrieg, im wesentlichen in den Jahren von 1941 bis 1944, zutrug, ist ebenso offensichtlich wie die Schwierigkeit, ihm darin einen Platz zuzuweisen. Das hat sehr gute Gründe. Ein Krieg, so hatte einst Clausewitz definiert, ist „ein Akt der Gewalt, um den Gegner zur Erfüllung unsers Willens zu zwingen". Das sollte heißen: Ein Staat erhebt Ansprüche gegen einen anderen, und wenn er sie mit friedlichen Mitteln nicht durchsetzen kann, dann greift er unter bestimmten Bedingungen zu gewaltsamen, als „Fortsetzung" – so noch einmal Clausewitz in seiner vielleicht berühmtesten Definition – „des politischen Verkehrs mit Einmischung anderer Mittel".

Kriege sind immer von Grausamkeiten begleitet gewesen, und auch im Zweiten Weltkrieg kam es auf allen Seiten, wenngleich in sehr unterschiedlicher Intensität, zu Verstößen gegen die kriegsrechtlichen Normen, auf die sich die Staaten zuvor verständigt hatten. Diese Grausamkeiten waren herkömmlicherweise entweder unbeabsichtigte Ausschreitungen, wie man so sagt in der Hitze des Gefechtes, oder beabsichtigte Maßnahmen, um die Durchsetzung der Ansprüche, für die der Krieg geführt wurde, wirkungsvoller zu ermöglichen.

Die deutschen Maßnahmen gegen die europäischen Juden waren jedoch weder das eine noch das andere. Sie waren gewiß keine unbeabsichtigten Ausschreitungen, denn sie waren ja von der Staatsführung angeordnet. Sie dienten aber auch nicht der Durchsetzung von Ansprüchen, die Deutschland gegen einen anderen Staat erhob. Sie dienten nicht einmal der Erringung des Sieges, denn selbst wenn Deutschland alle Juden getötet hätte, hätte es damit den Krieg nicht gewonnen. Diese Maßnahmen untergruben im Gegenteil sogar die Aussichten auf einen Sieg, denn sie beanspruchten einerseits und vernichteten andererseits einen beträchtlichen Teil der Ressourcen, die in den Dienst der Kriegführung hätten gestellt werden können.

Sie waren insofern nicht Krieg, werden auch nicht mehr zu den Kriegsverbrechen gerechnet und gehören doch unlösbar zu diesem Kriege, obwohl sie ihm nicht dienten. Es war mithin von der deutschen Seite aus gar kein totaler Krieg in dem Sinne, daß alle Anstrengungen für den Sieg gemacht wurden. Beträchtliche Anstrengungen wurden für diesen anderen Zweck, den Mord an den Juden, gemacht, der dem Kriege nicht diente und doch sein prägendes Merkmal ausmacht.

Welchen Ort also soll die Geschichte dem Ereignis zuweisen? Sosehr es aus dem herkömmlichen Antisemitismus hervorging, so ging es doch unendlich weit über ihn hinaus. Denn die herkömmlichen Antisemiten hatten sich äußerstenfalls vorgenommen, die Juden aus ihrem Lande zu entfernen. Der nationalsozialistische Anschlag aber zielte auf alle Juden, wo immer sie ergriffen werden konnten, und am Ende waren etwa 98 Prozent aller Ermordeten nichtdeutsche Juden. Das war in der langen Geschichte des Antisemitismus niemals zuvor geschehen und auch insofern neu und damit einzigartig.

Es gab eine Auseinandersetzung zwischen Martin Broszat und Saul Friedländer über die sogenannte Historisierung des Nationalsozialismus. Wenn man einmal von den Einzelheiten, auch den Ungenauigkeiten absieht, standen sich zwei grundsätzliche und, wie ich finde, gleichermaßen vertretbare Positionen gegenüber. Broszat hatte an anderer Stelle, wie schon erwähnt, bemängelt, daß der Mord an den Juden gleichsam „metahistorisch" aufgefaßt, vor allem moralisch behandelt werde, und forderte nun implizite auch dessen Historisierung. Nichts war berechtigter. Natürlich muß das Ereignis wie jedes andere mit den historischen Methoden in allen Einzelheiten und auch kontrovers untersucht werden. Friedländer hielt dem jedoch die Besorgnis entgegen, daß die Historisierung das Ereignis seiner Einzigartigkeit entkleiden und als eines unter anderen erscheinen lassen könne.[7]

Die Antwort ist ebenso einfach wie die Lösung schwierig. Sie hat von zwei Prämissen auszugehen: Erstens, das Ereignis war einzigartig, und zweitens, es muß historisch erforscht werden. Die prinzipielle Schwierigkeit liegt nicht in der Erforschbarkeit. Sie ist zwar wegen des Mangels an Quellen, vor allem auf der oberen Führungsebene der Täter, schwierig, aber nicht wesentlich schwieriger als für andere Bereiche, etwa in der alten Geschichte, auch. Die Schwierigkeit liegt in der Einzigartigkeit und damit in der Einordnung in den historischen Zusammenhang. Es wird weiter Einzeluntersuchungen der verschiedenen Aspekte und auch Gesamtdarstellungen des Mordes an den Juden geben. Aber wo sollen die Historiker ihn einordnen, wenn sie größere Zusammenhänge darstellen?

Bei Nationalgeschichten ist das Problem verhältnismäßig leicht lösbar. Daß das Ereignis in jeder Geschichte des jüdischen oder des deutschen Volkes einen herausragenden und in der Geschichte der anderen betroffenen Völker einen wichtigen Platz beanspruchen darf, ist unbestreitbar, und auch die chronologische Zuordnung ist unproblematisch.

Wie aber ist es mit den Geschichten des Zweiten Weltkrieges? Sollen sie fortfahren, den Kriegsverlauf bis zum deutschen Einmarsch in die Sowjetunion zu beschreiben, dann den Mord an den Juden erwähnen und danach zur Schlacht von Moskau zurückkehren? Das ist nicht nur darstellungstechnisch unbefriedigend, weil der Mord sich weit über das Jahr 1941 und weit über die Sowjetunion hinaus ausdehnte. Es ist auch unzutreffend, weil der Mordbeginn zwar in den Zusammenhang der militärischen Operationen in der Sowjetunion gehörte, der Fortgang aber ganz und gar nicht mehr.

Oder sollen die Weltkriegsgeschichten dem Beispiel Parkers folgen und den Mord in einem eigenen Kapitel behandeln? Das ermöglicht zwar eine zusammenhängende Darstellung, löst aber den Zusammenhang mit dem Krieg auf und verweist das Ereignis auf den Rang eines Annexes.

Oder sollen sie, wie viele es tun, die Verlaufsgeschichte des Krieges irgendwo mit einem Kapitel über Besatzungspolitik, Verfolgung und Widerstand unterbrechen und darin den Mord an den Juden unterbringen? Das bringt ihn in die Nähe der Kriegsverbrechen, zu denen er jedoch gerade nicht gehört.

Natürlich ist dies nicht allein ein Darstellungs- und Gliederungsproblem. Aber es zeigt die Aporie. Es zeigt, was das Problem ist, das man nicht lösen kann, eine Aufgabe, die wohl noch nicht einmal erkannt wurde. Es zeigt, was ich sagen wollte: Der Mord an den europäischen Juden gehört zur Geschichte und fällt zugleich aus ihr heraus.

---

1 Der Vortrag de Jongs in Harvard vom 5. Oktober 1988 (Erasmus Lecture) ist veröffentlicht in: Louis de Jong, *The Netherlands and Nazi Germany*, Cambridge, Mass.: Harvard University Press 1990, S. 1 ff. Eine deutsche Übersetzung (aus dem Niederländischen) erschien 1990 in der von der Kgl. Niederländischen Botschaft, Bonn, herausgegebenen Schriftenreihe *Nachbarn*, 35, *Der 10. Mai 1940 – 50 Jahre danach*, S. 11 ff. Ich folge dieser Übersetzung nur zum Teil. Im englischen Text ist das Wochenende auf den November, im deutschen auf den Dezember 1943 datiert. Im Englischen heißt es „Holocaust", im Deutschen „Massenmord an den Juden".
2 Zur Kontroverse um die Einzigartigkeit: *„Historikerstreit". Die Dokumentation der Kontroverse um die Einzigartigkeit der nationalsozialistischen Judenvernichtung*, München: Piper 1987, 7. Aufl. 1989 (Serie Piper, Bd. 816).
3 Die Geschichte aus Westerbork beruht auf einer Zeugenaussage, veröf-

fentlicht in: Lea Rosh und Eberhard Jäckel, *Der Tod ist ein Meister aus Deutschland,* Hamburg: Hoffmann und Campe 1990, S. 112.
4 Judeozid: Arno J. Mayer, *Why Did The Heavens Not Darken?* New York: Pantheon 1988. Deutsche Übersetzung: *Der Krieg als Kreuzzug,* Reinbek: Rowohlt 1989, S. 7.
5 „Eine Art metahistorisches Ereignis": Martin Broszat, „Hitler und die Genesis der ‚Endlösung'", in: *Vierteljahrshefte für Zeitgeschichte,* 25, 1977, S. 746. Zur Kontroverse: Eberhard Jäckel und Jürgen Rohwer (Hrsg.), *Der Mord an den Juden im Zweiten Weltkrieg,* Stuttgart: Deutsche Verlags-Anstalt 1985, und Frankfurt: Fischer Taschenbuch Verlag 1987.
6 Die ersten Geschichten des Zweiten Weltkrieges: Kurt Assmann, *Deutsche Schicksalsjahre,* Wiesbaden: Brockhaus 1950. Kurt von Tippelskirch, *Geschichte des Zweiten Weltkriegs,* Bonn: Athenäum 1951.
7 Zur Auseinandersetzung zwischen Martin Broszat und Saul Friedländer: Broszat, „Plädoyer für eine Historisierung des Nationalsozialismus", in: *Merkur* 39, 1985, S. 373 ff., wiederabgedruckt in: Broszat, *Nach Hitler* (1986, revidierte Ausgabe 1988), S. 266 ff. Friedländer, „Überlegungen zur Historisierung des Nationalsozialismus", in: Dan Diner (Hrsg.), *Ist der Nationalsozialismus Geschichte* (1987), S. 34 ff. Broszat/Friedländer, „Um die ‚Historisierung des Nationalsozialismus'. Ein Briefwechsel", in: *Vierteljahrshefte für Zeitgeschichte,* 36, 1988, S. 339 ff.

Amos Funkenstein

Juden, Christen und Muslime
Religiöse Polemik im Mittelalter

Thema meines Vortrages sind die christlich-jüdischen religiösen Auseinandersetzungen während des Mittelalters und der frühen Neuzeit. Ich möchte deren Voraussetzungen aufzeigen und die methodisch schwierige Frage angehen, inwiefern die schriftliche Polemik beider Seiten die lebendigen Vorstellungn der religiösen Gemeinschaften reflektierte oder verzerrte. Dieser Vergleich gewinnt an Schärfe, wenn man ihn mit den wechselseitigen Polemiken und Ansichten von Islam und Judentum in Beziehung setzt.

Judentum und Christentum waren und blieben *Konfrontationskulturen* im genauen Sinne des Wortes. Die bewußte und stete Ablehnung von Werten und Ansprüchen des anderen war und blieb konstitutives Moment für den fortlaufenden Aufbau der *eigenen* Identität beider Kulturen. In der Tat kenne ich kaum zwei Religionen, die zueinander eine derart intensive Doppelbeziehung von Faszination und Aversion, Anziehung und Abstoßung hegten wie das Judentum und das Christentum. Diese erstaunliche Symmetrie der ambivalenten Einstellungen läßt sich nicht etwa als notwendige Folge dessen erklären, daß hier zwei monotheistische Religionen, beide mit absolutem Wahrheitsanspruch, in einem Orte zusammenwohnten. Denn das Judentum und der Islam waren weitaus weniger aneinander interessiert. Der Fülle jüdisch-christlicher polemischer Schriften seit der Antike – ihre Zahl geht in die Hunderte – stehen nur wenige jüdisch-islamische Streitschriften gegenüber, insgesamt kaum mehr als ein Dutzend. Judentum und Islam betrachteten sich gegenseitig mit einer Gleichgültigkeit, die an Verachtung grenzte. Sie waren eben *keine* Konfrontationskulturen.

Die Konfrontierung nahm mehrere Gestalten an. Im Grunde

war sie sehr viel weniger theologischer Natur, als gemeinhin angenommen wird. Für jedes christliche Dogma könnte ich leicht ein jüdisches Äquivalent finden – nicht immer im Zentrum des jüdischen Denkens und Schaffens, doch an einer genügend respektablen Stelle, um mir als Beweis zu dienen. Das gilt sogar vom Trinitätsdogma oder von der Erbsündenlehre. Kein Gesetz der schriftlichen oder mündlichen Überlieferung verböte einem streng orthodoxen Juden auch heute, von der Messianität Jesu Christi überzeugt zu sein. – Die Konfrontation beider Religionen war eine historische eher denn eine ideologisch-dogmatische. Mein Interesse heute gilt vornehmlich den Wandlungen, die diese Konfrontation im Laufe der Jahrhunderte erfahren hat.

Die Feindschaft zwischen Christen und Juden begann, als das Christentum noch eine jüdisch-apokalyptische Sekte war. Mit anderen jüdischen Sekten – wie z. B. der Sekte vom Toten Meer – teilten die Christen den Haß auf das normative jüdische Establishment. Schon die Qumran-Sektierer bezeichneten sich als eine „heilige Gemeinschaft" (*'adat kodesch*) und das Establishment als „Lügenstadt" (*'ir shav*), sich selbst als *civitas dei* im Gegensatz zur *civitas diaboli*. Sie allein seien das „wahre Israel", „die Verbliebenen Israels" (*sche'erit Yisrael*), und ihnen allein sei der Schlüssel zur Entzifferung der Geheimnisse der Schrift (*pescher*) gegeben. Kurzum: diese „Kinder des Lichts" sahen in ihrer Sekte eine Avantgarde des neuen, herrlichen, zukünftigen *Aeons* in der Mitte der alten, korrupten Welt, die ihrem Ende entgegeneile: *quia festinans festinat saeculum pertransire*. Manchmal gaben sie zu verstehen, daß nur sie das Weltende erlöst überstehen würden. Die Mitglieder der Gemeinschaft (*yachad*) wurden ermahnt, „alle Kinder des Lichts zu lieben, einen jeden nach seinem Los, und alle Kinder der Finsternis zu hassen, einen jeden gemäß seiner Schuld in der Rache Gottes". Die Urchristen waren ihnen in der Hinsicht ähnlich, daß auch sie die eigene Gemeinde als das wahre Israel ansahen und das übrige Israel für verdammt hielten. Wie andere jüdische Sektierer entwickelte auch das Urchristentum seinen Haß auf die priesterlichen und rechtsetzenden Autoritäten, die „Pharisäer und Sadduzäer". Dieser Haß war nicht gegen das Judentum im allgemeinen gerichtet, konnte sich aber mit der Ausbreitung des Christentums über den jüdischen Horizont hinaus leicht darein verwandeln.

In der Tat konkurrierten Christen und Juden bald bei der Bekehrung der Heiden, zunächst unter den sogenannten „Gottesfürchtigen" *(sebómenoi, yirey schamayim)*, jenen zahlreichen Vertretern des Judentums am Rande vieler Diasporagemeinden, sodann aber auch unter völlig Andersgläubigen. Die Rivalität zwischen beiden Religionen wurde noch durch die Rivalität innerhalb des Christentums zwischen der *ecclesia e gentibus* und den Judenchristen, der *ecclesia e Judaeis,* verstärkt. Diese Spannungen wurden während des letzten großen jüdischen Aufstandes gegen Rom – beim Bar-Kochba-Aufstand von 132 bis 136 n. Chr. –, dem die Christen ostentativ fernblieben, besiegelt. Sie waren auch von den harschen antijüdischen Maßnahmen Hadrians ausgenommen, und als Folge dieser „Verfolgungen" *(gezerot)* mußten die Juden ihre Missionsbemühungen aufgeben. Im vierten nachchristlichen Jahrhundert wurde das Christentum zur Staatsreligion – „das Königtum verwandelte sich in eine Häresie" *(malchut nehefcha minut).* Welchem Zweck konnte danach die antijüdische Polemik noch dienen? Warum nahm sie an Intensität eher noch zu, obwohl vom Judentum keine akute Gefahr mehr für die Christen ausging?

Die Beantwortung dieser Frage kann von dem bemerkenswerten Umstand ausgehen, daß die christliche antijüdische Polemik seit Ende des zweiten Jahrhunderts immer weniger lebendige Auseinandersetzung reflektierte. Der Dialog Iustinus Martyrs mag die letzte Aufzeichnung einer solchen Begegnung sein. Vielmehr handelt es sich von nun an um die stereotype Wiederholung überkommener topoi, insbesondere um die Aufzählung der vermeintlichen Hinweise im Alten Testament auf die Wahrheit des Neuen Testaments. Hieraus können wir schließen, daß sich die Funktion dieser Polemiken, ihr „Sitz im Leben", von diesem Zeitpunkt an verschiebt und sie nunmehr internen Zwecken dienen. Gerade weil es der Kirche mißlang, die Juden zur *nova lex* zu bekehren, wurde deren Existenz zu einem theologischen Paradox, zu einem Skandalon sondergleichen, welches erklärt werden mußte. Juden und Judentum waren und blieben ein *mysterium tremendum et fascinosum,* und als solches von beträchtlicher Anziehungskraft für eine Kultur, in der alles Alte ehrwürdig war und alles Neue verdächtig – während die Christen, sozusagen nach eigenem Bekenntnis, *homines rerum novarum cupidi* waren. „Israel im Fleische" wurden die Juden genannt. Christen und Juden glaubten gleichermaßen, daß alle Juden direkte Nachfahren Abrahams seien, aber beide Religionen beurteilten diesen Umstand völlig unterschiedlich. Die Kirche glaubte, daß der Status des ausgewählten Volkes vom „Israel im Fleische" auf „Israel im Geiste" verlagert worden war *(kata sárka-kata pneúma). Secundum carnem* bezog sich deshalb auch auf die jüdische Mentalität: Demnach konnten Juden ihre Schriften nur im wortwörtlichen Sinne verstehen. Ihnen fehlte das tiefere Schriftverständnis, die *spiritualis intelligentia,* und sie galten deshalb als „blind". Aus dieser Sicht erscheinen die Juden als ein lebender Anachronismus, weil sie „sich weigern, sich mit den Zeiten zu verändern" *(noluerunt ipsi Judaei mutari cum tempore),* und eben darum mögen sie als „ewiges Zeugnis" sowohl für die Echtheit der Schrift als auch für die Wahrheit des Christentums fungieren: als lebendiges Zeugnis, daß mit Christus „das Szepter von Juda" wich. Toynbee, ein altes Theologemenon nachäffend, nannte die Juden „ein Fossil". Die Juden erkannten nicht, daß ihr Gesetz bloß „gut für ihre Zeit" gewesen ist (Hugo von St. Victor). Kurzum, die Juden sind ein eigensinniger Haufen. Bedingte Toleranz kennzeichnete also die offizielle Position der katholischen Kirche, die zu keinem Zeitpunkt ernsthaft in Zweifel gezogen wurde. Aber die parallel existierende, inoffizielle Haltung der Amtsträger und Laien war durch übertriebenen Haß, übertriebene Faszination oder eine Kombination aus beidem geprägt.

Augustinus bewunderte die Standfestigkeit der Juden in Zeiten der Verfolgung, und die Kirche hat niemals vergessen, „daß Jesus Christ ein Jud gewesen" – so etwa in der „Vita Anskari" aus dem 11. Jahrhundert, die uns berichtet, wie Jesus dem späteren Märtyrer erschien *more iudaico vestitus.*

Ein grundlegender und dauerhafter Wandel der christlichen

Sichtweise der Juden läßt sich im 12. Jahrhundert feststellen. Ein neues Klischee der Juden als Bedrohung und Geheimnisträger entstand. Die neuen Vorurteile basierten nicht auf Unwissenheit, sondern im Gegenteil auf einer besseren Kenntnis der nachbiblischen jüdischen Literatur. Seit Petrus Venerabilis wurde der Talmud benutzt, um zu zeigen, daß die Juden der Bibel keinesfalls wortwörtlich folgen, wie zuvor angenommen. Die Juden, so wurde jetzt argumentiert, folgen einem von Menschen geschaffenen neuen Gesetz *(nova lex)*, das die biblischen Gebote ersetzt hatte. *Pugnasti tanto tempore diabolicis libris divinos libros.* Mußte nicht dieses neue Gesetz im Rahmen der eigentlichen jüdischen Lehre als Häresie gelten? Beruhte nicht die christliche Toleranz gegenüber den Juden auf der Annahme, daß sie der Bibel wörtlich folgen, ohne sie allerdings recht zu verstehen? Jetzt schien es, daß die Juden nur vorgaben, den biblischen Geboten zu folgen, während sie sich in Wahrheit entschieden verändert hatten und einem teuflischen, von Menschen geschaffenen Gesetz verhaftet waren, das forderte – Petrus bezieht sich hier auf die talmudische Erzählung vom Schlangenofen –, daß sogar Gott sich den Entscheidungen der irdischen Gerichte beugen müsse. Das Judentum galt nicht länger als eine anachronistische, vielleicht sogar lächerliche, aber in jedem Fall verständliche und durchsichtige Religion: Jetzt erschien es als ein Sammelbekken geheimnisvoller, teuflicher Traditionen. Diese Anschuldigungen wurden erstmals von Petrus Venerabilis und später auch von Raymundus Martini vorgebracht. Solche Anklagen führten zu dem Prozeß in Paris (1240), in dessen Folge der Talmud verbrannt wurde, und prägten die Disputation in Barcelona.

Die Entmenschlichung und Dämonisierung des Judentums war nicht auf Kirchengelehrte und einige polemische Traktate begrenzt, sondern bestimmten den Ton der öffentlichen Predigten und die populäre Vorstellungswelt im allgemeinen. Im 12. Jahrhundert wurden Juden zum erstenmal der Blutschande bezichtigt. Thomas von Monmouth versichert dem Leser in seiner Erzählung der Ereignisse von Norwich, daß ein konvertierter Jude ihn in die Regeln der „geheimen Schriften der Juden" eingeweiht habe. Demnach seien alle Juden verpflichtet, wenigstens einmal im Jahr christliches Blut zu vergießen, da sie andernfalls keine Erlösung fänden. Um diese makabre Verpflichtung zu erfüllen, treffe sich regelmäßig eine geheime rabbinische Synode mit Teilnehmern aus ganz Europa zu dem Zweck, diejenige Gemeinde auszuwählen, die den nächsten Ritualmord vollziehen solle. Eine klare Linie führt von diesen Schriften zu den „Protokollen der Weisen von Zion". Auf diese Weise erneuert das 12. Jahrhundert – wenn auch unbeabsichtigt – Aspekte der heidnischen antijüdischen und antichristlichen Propaganda, wie die Anschuldigungen der *arcana*, des *odium humani generis (misantropia)* und des Ritualmordes zeigen. Letztere Beschuldigung wurde in der Antike mit Hinweis auf die Eucharistie hauptsächlich gegen Christen gerichtet. So werden die Juden im Spätmittelalter wieder als geheimnisvoll, unverständlich und gefährlich angesehen.

Aber eben diese Rätselhaftigkeit verstärkte auch die Faszination, die von den Juden ausging. Kenntnis der jüdischen nachbiblischen Literatur erklärt das verstärkte Interesse an der jüdischen Exegese. Die Kabbala übte später sogar noch einen größeren Reiz auf die Christen aus. Die Humanisten und Renaissanceplatoniker glaubten, daß die Kabbala alte, geheimnisvolle, vorjüdische und vorchristliche Wahrheiten enthalte. Das Geheimnisvolle und die geheimen Traditionen der Juden wirkten also nicht nur abstoßend. Für einige Christen waren die jüdischen Texte von unbeschreiblichem Wert, da sie Authentizität und hohes Alter verbürgten. „Denn niemand steht uns so nahe und niemand ist ein größerer Feind von uns als die Juden." *(Nihil nobis propinquior, nihil inimicior quam Judaei.)*

Der Protestantismus brachte eine Wende in den christlich-jüdischen Auseinandersetzungen. Dabei habe ich nicht die Haßtiraden Luthers im Sinn, deren Ausbruch ich nicht einem enttäuschten Missionseifer zuschreibe, sondern eher seiner Furcht, als einer der *iudaizantes* gebrandmarkt zu werden. Diese Haßtiraden waren zwar von beträchtlicher Nachwirkung, enthielten aber wenig Neues und erreichten im übrigen niemals kanonischen Status.

Doch schon zu Luthers Zeiten zeichneten sich zwei radikale

Richtungen ab, die dem Protestantismus offenstanden, um sein Verhältnis zum Alten Testament und zum Judentum neu zu bestimmen. Der Protestantismus stand vor der Wahl, entweder die Kontinuität *oder* die Diskontinuität vom Alten zum Neuen Testament sehr viel stärker zu betonen, als dies der katholischen Kirche je möglich war. Diese Entscheidung hing natürlich davon ab, welche Vorstellung von der Urkirche als Leitbild für die Reformierung der Christenheit gelten sollte. So konnten einige Sekten, wie z. B. manche Puritaner, sogar die biblischen Institutionen wieder aufleben lassen. Sie entwickelten dabei nicht nur Interesse an der *respublica Judaeorum* der Vorzeit – das Thema unzähliger Traktate des 17. und 18. Jahrhunderts –, sondern betrachteten auch das gegenwärtige Judentum mit Interesse und Wohlwollen, besonders wegen seiner vermeintlich eschatologischen Bedeutung. Einige Sekten verglichen sogar ihre Verfolgung *in partibus infidelium* mit dem Zustand der Juden in der Diaspora. Andererseits gab es die Möglichkeit, die völlige Andersartigkeit des Alten Testaments zu betonen. Letztere Interpretationsweise kommt besonders stark in der Theologie Adolfs von Harnack zum Ausdruck, der die Geschichte des Christentums als progressive Ablösung vom Alten Testament ansah und in Markion einen Gleichgesinnten vermutete.

In beiden Formen konnte der Protestantismus die obsessive Beschäftigung der katholischen Kirche mit dem Judentum überwinden. Außerdem waren die Juden ohnehin aus den meisten protestantischen Gebieten schon vertrieben worden. Deshalb läßt sich im nachhinein nicht mehr entscheiden, ob der größere Gleichmut der Reformatoren des 17. und 18. Jahrhunderts gegenüber den Juden auf theologische oder demographische Gründe zurückzuführen ist. So auch bei den Aufklärern des 17. und 18. Jahrhunderts. Auch dort, wo die Juden als Anachronismus galten, waren sie nicht länger ideologischer Erbfeind. Die Rationalisten sodann benutzten das traurige Los der Juden, um die Schmach religiöser Intoleranz oder die Gefahr eines ethnozentrischen Partikularismus zu demonstrieren. Gelegentlich war der Angriff auf das Judentum auch Deckmantel für einen eigentlichen Angriff auf das Christentum.

Inwieweit kann die Entstehung des modernen Antisemitismus also aus der christlichen Tradition erklärt werden? Die antisemitische Propaganda, ob gemäßigt oder extrem, zeichnet sich durch ein Merkmal besonders aus. Ihr Angriffsziel ist nicht so sehr der traditionsgebundene, orthodoxe Jude, sondern die Juden, die durch Assimilation und Emanzipation nicht mehr äußerlich als Juden zu erkennen sind. Diese brandmarkt die antisemitische Propaganda als die wahre Gefahr, denn sie zersetzen das gesunde Volksgewebe von innen, indem sie ihre Zugehörigkeit zum Volke vorspiegeln. Jüdischsein gilt dem Antisemiten als *character indelebilis,* der weder durch Taufe noch Assimilation getilgt werden kann. Die Juden bleiben, ob assimiliert oder nicht, gefährliche Fremde. Die Abschaffung der Emanzipation war deshalb das wichtigste politische Ziel des Antisemitismus im 19. und 20. Jahrhundert. Die Juden sollten wieder als solche kenntlich sein und gleichzeitig von Bürgern in Untertanen zurückverwandelt werden. Gemäßigte Antisemiten gaben zu, daß der Assimilationswunsch der Juden subjektiv ehrlich sei, wenn auch objektiv unerreichbar. Radikalere Antisemiten betonten dagegen, daß alle äußeren Zeichen jüdischer Anpassung bewußte Irreführung seien, wenn nicht gar Beweise einer internationalen Verschwörung, um die Weltmacht zu ergreifen. Diese Aspekte sind meines Erachtens die konstitutiven Elemente einer Phänomenologie antisemitischer Ideologien. Sie sind ebenso wie die antijüdischen Ideologien durch eine Dialektik von Anziehung und Abstoßung gekennzeichnet. Den Antisemiten fasziniert die vermeintliche Anpassungskraft der Juden an die moderne, für ihn selbst befremdliche, industrielle Welt. Auf jeden Fall – so scheint es zunächst – hat der Antisemitismus mit dem herkömmlichen, früheren Antijudaismus wenig gemein: Das Christentum bekämpfte den Juden, der als solcher erkennbar war, und sah den Kampf dort beendet, wo die Juden sich zum wahren Glauben bekehrten; der Antisemit bekämpft die Juden, die als solche nicht mehr erkennbar sind, ob bekehrt oder nicht.

Die jüdische Sichtweise, der wir uns jetzt zuwenden, läßt sich ebenso in die beiden Kategorien der offiziellen Doktrin und der außergesetzlichen Ansichten unterteilen. Die rechtliche Situation ist von Jacob Katz zutreffend beschrieben worden. Demnach war die Frage, ob alle Christen Götzendienste leisten, von den Tossafisten verneint worden. Schon die Weisen der Spätantike hatten erkannt, daß die Welt, in der sie lebten, nicht eigentlich heidnisch genannt werden konnte. „Die Nichtjuden im Ausland treiben nicht Abgötterei, sondern folgen nur den Sitten ihrer Väter." In der Tat war der größte Teil der Intelligenzija der Spätantike in der einen oder anderen Weise Monotheisten: „Wer wäre so verrückt, nicht zuzugeben", wie Augustinus dem Neuplatoniker Porphyrius in den Mund legt, „daß es nur einen einzigen Gott gibt, den wir unter verschiedenen Namen anbeten." Und einen gewissen Zenon fragt R. Akiba: „Du und ich wissen, daß der Götzendienst keine eigentliche Substanz hat." Nur das Mittelalter glaubte im nachhinein, daß Juden- und Christentum die einzigen monotheistischen Bekenntnisse der Antike waren. „Und dieser Zenon war ein Jude", fügt Rashi im 11. Jahrhundert hinzu. Aber wie dem auch sei; ich glaube nicht, daß – wie einige meinen – ausschließlich wirtschaftliche Gründe die Tossafisten dazu bewegten, das Christentum als eine Art monotheistische, wenn auch im Irrtum begriffene Religion anzuerkennen. Jehuda Halevi im „Kuzzari" gibt die aus seiner Perspektive gerechteste Beurteilung des Christentums, d. h. eine fast arianische Interpretation der Dreifaltigkeit. Maimonides betrachtet sowohl Islam wie auch Christentum als Imitationen des jüdischen Glaubens, die von Polytheisten ersonnen worden sind, um die „Gemeinde der Vereinigten" *(kehal hameyachadim)* zu unterwandern. Aber diese List wendet sich gegen sich selbst, weil auf diese Art die Verbreitung des Monotheismus in der Welt gefördert wird. Die List offenbart sich als göttliche Absicht, die heute genauso wirksam ist wie zu dem Zeitpunkt, als Israel geboren wurde *(ormat hashem 'utevunato)*. In einem von Maimonides entlehnten Ausdruck nennt Hameiri sowohl das Christentum als auch den Islam „Nationen, die durch die Grenzen eines religiösen Gesetzes eingeschränkt werden" *('umot hagedurot bedarche hadatot)*. Sogar die populäre „Erzählung von Jesus" *(sefer toledot Yeshu)*, mit den späteren Hinzufügungen, hat keine Bezichtigungen des Polytheismus vorgebracht. Sie gehört zu der

Kategorie von Polemiken, die ich Gegengeschichte genannt habe: Manethons und Apions antijüdische Propaganda fallen in die gleiche Kategorie. Das Quellenmaterial des Gegners – das Alte Testament auf der einen, das Neue Testament auf der anderen Seite – wurde jeweils sorgfältig studiert und dann auf den Kopf gestellt. Die Helden der ursprünglichen Erzählung werden die Schurken der Gegengeschichte und *vice versa*. Jesus war ein Zauberer und ein Verführer *(mesit 'umediach)*. In heldenhaftem Widerstand gab sich Judas Eschariot als einer der Jünger aus und versuchte, auf diese Weise die Bewegung zu unterwandern. Auch Petrus gab vor, ein Christ zu sein, um das Christentum vom Judentum zu trennen. Mit größerem zeitlichen und geographischen Abstand verfaßte Ibn Kammuna im 13. Jahrhundert eine nüchterne Analyse der Lehrgrundsätze von Christentum und Islam. Er kam zu dem Schluß, daß Jesus ebenso wie die frühen Christen als praktizierender Jude lebte und starb. Seiner Ansicht nach entwickelten sich die beiden Religionen erst mit Petrus in verschiedene Richtungen.

Wie auch immer die Juden die Ursprünge des Christentums beurteilten, gemäß der Halacha mußten die Christen als Monotheisten toleriert werden. Die drei monotheistischen Religionen gewährten einander wenigstens den Minimalstatus einer *religio naturalis*. Aber Halacha und Philosophie vermitteln einen Aspekt dieser Beziehung, der nur bedingt mit der allgemeinen Auffassung übereinstimmte. Man muß nur sorgfältig die Formulierungen lesen, mit denen die Tossafisten zu verstehen geben, daß Christen nicht als Heiden gelten: „Was die Götzenanbeter unserer Tage betrifft, so glauben wir, daß sie keine Abgötterei betreiben" *('atum schebeyamenu kim lan bigvayhu delav akum hem)*! In der Autobiographie des *Hermanus quondam Judaeus* finden wir eine der wenigen mittelalterlichen Darstellungen einer lebendigen, privaten religiösen Debatte. Als 18jähriger jüdischer junger Mann begann er eine Diskussion mit dem berühmten Rupert von Deutz. Sogleich zu Beginn der Auseinandersetzung fragte er Rupert, warum er Bilder anbete, wenn er doch kein Götzendiener sei. Aber auch außerhalb solcher Kontroversen entwickelten die Juden ein ausgefeiltes System diffamierender semantischer Substitutionen als Bezeichnungen für alle jene Dinge, die den Christen heilig sind. Jesus wurde nur als „jener Mann" *(oto ha'ish)* oder „der Gehenkte" *(taluy)* bezeichnet – letzteres in Anspielung auf den biblischen Vers „Ein Gehenkter ist verflucht bei Gott". Kirchen waren nicht Gebetshäuser *(bet tefila)*, sondern nutzlose Gebäude *(bet tifla)*. Die Juden titulierten Reliquien als „den Dreck ihrer Knochen" *(rekav atsmotehem)*, und aus Heiligen wurden Tempelprostituierte *(kdeschim)*. Maria wurde mit Kot *(charia)* übersetzt, und das Kreuz wurde zum Vermischten *(shti va'erev)*. Ich könnte noch lange so fortfahren. Meines Wissens gibt es kein vergleichbares System von „Euphemismen" in der jüdisch-islamischen Tradition.

Andererseits übte das Christentum auf die Juden auch eine beträchtliche Faszinationskraft aus, die durch diese negativen Ausdrücke indirekt bestätigt wird. Das Christentum hatte eine wichtige neue religiöse Dimension eingeführt, sowohl als Soteriologie als auch in seinen Trinitätsspekulationen. Gottes Abstieg zur Erde als Mensch mit dem Vorsatz, durch sein eigenes Leiden jeden einzelnen Menschen zu erlösen, ist in der Tat ein äußerst wirkungsvolles religiöses Konzept. Das Christentum entdeckte die individuelle Seele als zentrale religiöse Kategorie. Jedes Gefühl, jeder Gedanke, jede *intentio animae* wird aufgenommen und bewacht. Das *itinerarium mentis ad Deum* ist das wahre Drama des Christentums. Es läßt sich selten direkt zeigen, welche Anziehungskraft die christlichen Bilder und Symbole für die Juden besaßen. Von den Darstellungen konvertierter Juden läßt sich nur schwer auf ihre Ansichten und Gefühle vor der Konvertierung schließen. Aber in der Suche der Juden nach äquivalenten Symbolen und Theologumena kommt diese Anziehungskraft indirekt zum Ausdruck. Eine Belegstelle für diese typische Dialektik aus Polemik und Übernahme der christlichen Symbolik ist Rashis Interpretation von Jes. 53: Der leidende Diener, eine *figura Christi* in der christlichen Exegese, entspricht der Nation Israel, die stellvertretend für die gesamte Menschheit leidet, um sie zu erlösen. Aschkenasischer Hassidismus läßt den einzelnen Aspekten der Seele besondere Aufmerksamkeit zukommen: „Alles, was die Seele tut, ist repräsentiert, Gott hat

Abbilder aller Sünden und Verdienste." Es gab keine größeren Sachverständigen für Sünden, die durch subtile Versuchungen aus Verdiensten entstehen können. Nachmanides war von der christlichen Typologisierung von Geschichte als Vorausdeutung und späterer Erfüllung derart begeistert, daß er sie – selbstverständlich mit einigen notwendigen Änderungen – in seinen berühmten Kommentar zur Heiligen Schrift integrierte. Seiner Ansicht nach müssen alle Handlungen der Patriarchen als Präfigurationen *(figurae, tsiyure devarim, dimyonot)* späterer Ereignisse in der jüdischen Geschichte verstanden werden. Nachmanides übersetzte sogar die christlichen Fachtermini. In diesem Fall zeigt sich die jüdische Exegese am meisten von christlichen Formen beeinflußt. Von Anfang an wurde die Kabbala von ihren Kritikern wegen vermeintlich christianisierender Tendenzen verurteilt.

In der Tat gibt es kaum ein christliches Theologumenon, für das sich keine Entsprechung in der Kabbala findet. Hier finden wir z. B. Dreifaltigkeitsspekulationen: Wie kann Gott zugleich zehn und einer sein? Oder drei *(obere sefirot)* und einer? Der Name, der solchen göttlichen Konstellationen später gegeben wurde – *partsufim* –, ist von dem griechischen Wort *prósopon* entlehnt und bedeutet *persona* (und nicht, wie im modernen Hebräisch, Gesicht). Gleichzeitig sind hier Lehrsätze über Prädestination und Ursünde enthalten. Außerdem bestand der Kabbalist darauf, daß „der Buchstabe tötet". Wohlgemerkt behaupte ich nicht, daß die Einflüsse und Entlehnungen sich direkt entsprechen. Ich glaube vielmehr, daß die Juden nach Symbolen und Theologumena suchten, die jenen ähnlich waren, die sie ansprechend und interessant fanden. Ich möchte hier nur kurz darauf verweisen, daß in unserem Jahrhundert diese starke Anziehungskraft in Franz Rosenzweigs „Stern der Erlösung" besonders zum Ausdruck kommt.

Das Verhältnis zwischen Islam und Judentum enthält keine Elemente dieser Dialektik von Anziehung und Abstoßung. Beide waren, wie gesagt, keine Konfrontationskulturen. Im Unterschied zum Judentum sieht der Islam seine raison d'être nicht in universeller Missionierung. Zugegebenermaßen muß die Welt für den Islam politisch „sicher sein", so daß kein Moslem von „Ungläubigen" beherrscht wird. Zudem sollen Ungläubige, auch wenn sie toleriert werden, keine Führungspositionen im *dar el-Islam* ausüben. Aber da die Völker des Buches *(ahl al-kitab)* schriftliche Offenbarungen besitzen, sollen sie toleriert und geschützt werden, wenn auch nur als Bürger zweiter Klasse. Sie müssen nicht konvertieren. Während der ersten zwei Jahrhunderte seiner unglaublichen Expansion waren die meisten Untertanen im riesigen islamischen Reich in der Tat nicht Moslems. Aber aus islamischer Sicht mußten keine Erklärungen dafür gefunden werden, warum diese Untertanen ihren Glauben behielten oder nicht konvertierten. In den Augen der Moslems erschienen weder Christen- noch Judentum als authentische frühere Versionen ihres eigenen Glaubens. Sie hielten Abraham, Moses und Christus für echte Propheten, aber die jüdischen und christlichen Traditionen, die mit diesen Namen verbunden sind, seien verzerrt oder völlig verfälscht. Im Unterschied zum Christen- und Judentum, die das Alte Testament als direkte Offenbarung verstehen, um dessen Auslegung es sich lohnt zu streiten, bestreitet der Islam die Authentizität aller Offenbarungsschriften mit der Ausnahme der eigenen heiligen Texte. Mohammed war das Siegel der Propheten wie übrigens zuvor einmal Mani. Dieser Gedanke scheint charakteristisch für das Phänomen, das ich an anderer Stelle „bewußten Synkretismus" genannt habe. Demnach ist alles Wissenswerte über frühere Propheten im Koran enthalten. Alle anderen heiligen Traditionen haben weder Mutter noch Vater.

Von Anfang an war das Hauptargument der islamischen Polemiken gegen die Juden eine Liste der Gründe, die gegen die Authentizität der Bibel sprechen, die aus islamischer Sicht von Ezra und nicht Moses zusammengestellt worden ist. Einige dieser Argumente könnten aus den extremen karaitischen Schriften wie z. B. der Hivi ha'Balki stammen. In allen anderen Aspekten waren die moslemischen Polemiken gegen die Christen weitaus schärfer. Es ist offensichtlich, warum dies der Fall war. Sowohl Judentum wie Islam sind nichthierarchische Religionen, ohne

Priestertum. Beide setzen Religion mit der Herrschaft des Gesetzes gleich und betonen die Rolle der Gemeinschaft *(Jama'a)*. Im Gegensatz zur christlichen Kritik konnten die Moslems das Judentum deshalb niemals der „Last des Gesetzes" beschuldigen. Beide Religionen bezichtigten die Lehre der Dreifaltigkeit der Sünde der Partizipation *(Shirk)*, der schwersten Sünde in der islamischen Theologie und gemäß Ezra Gegenstand des zweiten Gebotes. Die Anmaßung der jüdischen Stämme in Medina, die gegen Mohammed Widerstand leisteten, war für die Moslems nie von ähnlicher Brisanz wie der Prozeß und die Kreuzigung von Jesus in den Augen der Christen, war Mohammed doch in diesen Kämpfen erfolgreich geblieben. In den Augen der Moslems waren die Juden weder *nobis propinquior* noch *inimicior*.

Ich bin weit davon entfernt zu behaupten, daß die wirklichen Lebensbedingungen der Juden unter islamischer Herrschaft besser waren als im christlichen Europa. Antijüdische Ausschreitungen und Unterdrückung waren in beiden Fällen gleichermaßen unvorhersehbar. Wenn allerdings Maimonides, damals in Ägypten, sagte, daß das Schicksal der Juden unter christlicher Herrschaft sehr viel besser sei, dann nur darum, weil das Gras jenseits des Zaunes immer grüner erscheint. Aber die Tatsache, daß er dies im relativ toleranten Ägypten Salah al-Dins so ausdrückte, ist bezeichnend: Er fühlte die Verachtung der Moslems, die Verachtung eines Kriegerstandes gegenüber den Bürgern zweiter Klasse, die sich nicht selbst verteidigen können und auch in der nächsten Welt nicht viel Besitz zu erwarten haben. Vielmehr behaupte ich, daß der Islam im Unterschied zum Christentum niemals eine ähnliche Zwangsvorstellung in bezug auf die Juden und das Judentum entwickelte. Das Judentum erschien ihnen weder besonders abstoßend noch besonders interessant. Wenn Unruhen ausbrachen, waren die Juden, nicht das Judentum, das Ziel der Gewalt.

Eine ähnlich gleichgültige Haltung, ohne Neugierde, kennzeichnet die jüdische Sichtweise des Islam. Maimonides gab zu, daß der Islam sehr viel weniger heidnische Elemente enthielt als das Christentum. In seinem Brief an den Proselyten Ovadia betont er, daß sogar das Anbeten der Qua'aba in Mekka, das ursprünglich sicher ein heidnischer Brauch gewesen war, im Islam im monotheistischen Sinne uminterpretiert worden ist. In diesem Zusammenhang muß man sich daran erinnern, daß Maimonides die biblischen Opfer in gleicher Weise als göttliche Zugeständnisse an die polytheistische Glaubenshaltung des im Entstehen begriffenen Israel verstand. Außerdem glaubte er, daß sowohl das Christentum wie der Islam durch die Verbreitung des Monotheismus wider Willen den Weg für den König Messias vorbereiteten *(meyashre devech lamelech hamaschiach)*. Dabei war in seinen Augen eine dieser Religionen von einem Häretiker und die andere von einem Geisteskranken gegründet worden. Allenfalls konnte Mohammed als eine Art Bote Gottes angesehen werden wie zuvor Bile'am, denn Gott habe viele Boten. Petrus Alfunsi beschreibt in seinen „Dialogi", die er nach seinem Übertritt zum Christentum verfaßt hat, die Haltung der Juden und Christen gegenüber dem Islam: „Die Menschen zur Zeit Mohammeds waren ohne Gesetz und Schrifttum, völlig unwissend mit Ausnahme von Kriegswesen und Landwirtschaft, gefräßig und gierig nach Luxusgütern – es war ihm [Mohammed] ein Leichtes, gemäß ihren Wünschen zu predigen. Hätte er irgend etwas anderes versucht, wäre es nicht möglich gewesen, ihnen seinen Willen aufzuzwingen." *(Homines autem temporis Mahometi, sine lege, sine scriptura, totius boni inscii praeter militiam et aratrum, appetentes luxuriam, deditique quale, facile secundum volutatem eorumdem praedicari poterat. Si enim aliter facerat, non ad legem suam eos impelleret.)* Aus jüdischer Sicht war der Islam eine abgeschwächte Form des Judentums, die entwickelt worden war, um den Bedürfnissen der primitiven Nomaden zu entsprechen. Renan nannte einmal die Religion der Semiten „eine Minimalreligion". Der Koran, so erfahren wir von Ibn Kammuna, enthält nicht nur viele Widersprüche, sondern auch „zahlreiche Wiederholungen und Oberflächlichkeiten". Ich vermute, daß der letztere Kritikpunkt dem Autor schwerer zu wiegen schien als der erste. Ich bin sicher, daß der Koran für Ibn Kammuna ein langweiliges Buch war: Die Juden hielten den Islam im allgemeinen für eine uninteressante Religion. Der Kalam und die *falsifia* hatten großen Einfluß auf die jüdische Philosophie, und ebensowichtig war der Einfluß der arabischen Poetik und Grammatik. Aber die einzige religiöse Bewegung, die Spuren dieses Einflusses zeigt, scheint der fromme Mystizismus der *Sufis* zu sein.

Juden und Moslems betrachteten die jeweils andere Religion mit an Verachtung grenzender Gleichgültigkeit. Ich glaube, dieser Umstand erklärt ein verwunderliches Phänomen der jüngsten Geschichte dieser beiden Religionen. Man erinnere sich an die ausgeprägte antijüdische Propaganda in Ägypten vor Dezember 1977. Die bösartigsten Produkte des westlichen Antisemitismus inklusive Hitlers „Mein Kampf" und Streichers schmutziger Karikaturen fanden weite Verbreitung. Es war natürlich eine Ironie, daß die Araber dieses Material benutzten, aber selbst Sadat war einmal ein Bewunderer Nazi-Deutschlands. Dieser intensive und bösartige Haß auf die Juden verschwand schlagartig – zumindest für eine begrenzte Zeit – mit Sadats Besuch in Jerusalem. Und wenigstens für eine Weile gab es aufrichtige Zeichen der Freundschaft. Die antisemitische Propaganda verschwand ebenfalls und ist noch heute weniger intensiv als zuvor. Man fragt sich, auf welche Weise solch starker Haß über Nacht unter den Teppich gekehrt werden konnte. Ich glaube, so intensiv der Haß gewesen sein mag, so wenig war er letztendlich geschichtlich tief verwurzelt. Aber ich befürchte, daß aufgrund der jüngsten politischen Entwicklungen diese Feindschaft vielleicht auf Generationen hinaus festgeschrieben wird und so eine vergleichbare Qualität erreicht wie der jahrhundertealte jüdisch-christliche Konflikt. Als Heinrich Heine Basnages' „Histoire de la religion juive depuis Jesus Christ jusqu'à présent" (Rotterdam 1707), den ersten Versuch eines gelehrten katholischen Autors, die jüdische nachbiblische Geschichte in zusammenhängender Form und unpolemisch zu erzählen – als Heinrich Heine dieses Buch las, reagierte er mit einer „poetischen Reflexion", die er „An Edom" nannte. Edom war von alters her eine Metapher für Rom und später für das Christentum. Das Gedicht wurde kurz nach den Hep Hep-Pogromen verfaßt und erscheint mir als eine passende Zusammenfassung unserer Diskussion, die auch uns in Israel vielleicht als Warnung dienen sollte.

Ein Jahrtausend schon und länger
Dulden wir uns brüderlich;
Du, du duldest daß ich atme,
Daß du rasest, dulde ich.

Manchmal nur, in dunkeln Zeiten,
Ward dir wunderlich zu Mut,
Und die liebefrommen Tätzchen
Färbtest du mit meinem Blut.

Jetzt wird unsre Freundschaft fester,
Und noch täglich nimmt sie zu;
Denn ich selbst begann zu rasen,
Und ich werde fast wie du!

David Sorkin

Juden und Aufklärung
Religiöse Quellen der Toleranz

„Juden und Aufklärung" – im Deutschen hat der Titel meines Vortrages einen besonderen Klang. Waren es doch die deutschsprachigen Juden Mitteleuropas, die aus der Aufklärung einen regelrechten Kult mit zentraler Bedeutung für ihr Selbstverständnis machten. Sie allein hatten einen „Schutzheiligen" in Gestalt des Moses Mendelssohn, der in gleichem Maß die „Juden" wie die „Aufklärung" verkörperte und dessen Freundschaft mit Lessing das Idealmodell einer Beziehung zwischen Christen und Juden lieferte; sie allein schufen, im 18. Jahrhundert, eine bemerkenswerte jüdische Spielart der Aufklärung, die Haskala. Sie allein erhöhten die Aufklärung zur Schrittmacherin einer neuen Ära ihrer Geschichte. Anderswo in Europa war das nicht so. In England begriffen die Juden die Wiedererlangung des Ansiedlungsrechts im 17. Jahrhundert als Weichenstellung für ihre Eingliederung in die Whig-Tradition, die Entfaltung der bürgerlichen Freiheitsrechte in der Zeit nach 1688. In Frankreich identifizierten sich die Juden mit der Revolution von 1789, die ihnen die bürgerliche Gleichberechtigung gebracht, und mit dem napoleonischen Sanhedrin, der sie an den Staat gebunden hatte. In diesen historisch gewachsenen Nationen machten die Juden ihre Selbstdarstellung vorwiegend an politischen Symbolen fest, auch wenn die Ursachen für ihre Wiederansiedlung ebensowenig politischer Natur waren wie die Kriterien für ihre gesellschaftliche Integration. Im politisch verspäteten Deutschland hingegen konnte die Kultur zur Grundlage von Bürgerrecht und Politik werden und als Surrogat für eine unvollendete Emanzipation, als Trostpflaster für eine unvollständige soziale Integration dienen, oder aber als sicherer Ankerplatz, wenn einmal die Wogen sozialer oder politischer Spannungen hochschlugen.

Daß die deutschen Juden einen hartnäckigen Kult um das Thema „Juden und Aufklärung" veranstalteten, bedarf keiner besonderen Betonung. Einige wenige Beispiele für das historische Ritual mögen hier genügen. 1829 wurde mit Predigten, Artikeln und Büchern der 100. Geburtstag Mendelssohns begangen. Der Prediger und Gelehrte Leopold Zunz bediente sich einer der gängigsten Formeln, als er über Mendelssohn sagte: „Er war, als Mensch und als Schriftsteller, Lehrer und Vorbild zugleich."

Als der Anwalt, Politiker und spätere Vizepräsident der Frankfurter Nationalversammlung, Gabriel Riesser, 1838 seine „israelitischen" Glaubensbrüder um Beiträge für ein Lessing-Denkmal anging, bezeichnete er den Dichter als Verkörperung von „Menschenbildung, Menschenliebe, Aufklärung, Gewissensfreiheit" und als Vorkämpfer „gegen Unduldsamkeit, Religionshaß, Geistesdruck". Und dann fragte er: „Wessen Herz aber schlüge wohl lauter bei den Gedanken der Freiheit, der Duldung, der Menschenliebe, des Kampfes gegen Religionshaß und Gewissenszwang, als das des deutschen Juden, wenn er seine Stellung und Bestimmung zu begreifen vermag?"

Lessings Beziehung zu den Juden ging indes noch tiefer. Die Sache der Juden habe, so befand Riesser, Lessings Muse in „Nathan der Weise" inspiriert. Und natürlich sei Lessings Freundschaft mit Mendelssohn die ideale Verkörperung einer moralischen Beziehung gewesen:

„Wo aber fänden wir ein solches Vorbild reiner und erhabener, als in der Freundschaft Lessings und Mendelssohns?"

Solche Auffassungen fanden sich nicht nur in liberalen oder reformjüdischen Kreisen. Auch orthodoxe Juden nahmen an diesem Kult teil, indem sie das Dreigestirn Lessing, Schiller und Kant beschworen. Samson Raphael Hirsch, der Patriarch der Frankfurter Neo-Orthodoxie, reklamierte 1859 Schiller für das Judentum:

„Sind es nicht gerade jüdische Gedanken und Anschauungen, mit denen er sich in das Herz des deutschen Volkes hineingesungen und für welche jetzt das ganze deutsche Volk aufsteht und Schiller den Jubel seines Herzens entgegenbringt?"

Die 200. Wiederkehr von Mendelssohns und Lessings Geburtstag 1929 lieferte erneut eine Gelegenheit, die die Vertreter aller konkurrierenden Anschauungen beim Schopf packten: Reformisten, Orthodoxe, Zionisten und rechte Veteranen. Es ist also kein Wunder, daß das erste Stück, das die im Jüdischen Kulturbund zusammengeschlossenen verfemten jüdischen Künstler am 1. Oktober 1933 aufführten, Lessings „Nathan der Weise" war; andererseits begannen just in den dreißiger Jahren jüngere jüdische Intellektuelle wie Hannah Arendt, die kultische Zweieinigkeit „Juden und Aufklärung" in Frage zu stellen.

Solche Feiern gehörten einfach zur Rezeption des Topos „Juden und Aufklärung"; sie waren ein wesentlicher Bestandteil des Selbstverständnisses der deutschen Juden, ihrer Subkultur. Allein, Rezeptionsgeschichte und Geschichte sind nicht dasselbe. Der Kult machte die geschichtliche Realität der Aufklärung lange Zeit unkenntlich, indem er deren Verhältnis zu den Juden normierte. Dasselbe gilt für das jüdische Verhältnis zur Aufklärung. Die Haskala ist lange Zeit eher im Blick auf Emanzipation und Assimilation interpretiert worden als in ihrem eigenen Licht. Ich würde hier und heute gerne die beiden Seiten dieses Verhältnisses beleuchten, um anschließend eine jener kaum bekannten Stellen zu beschreiben, an denen beide einander berührten. Ich tue dies in der Absicht, die Zwiespältigkeiten herauszuarbeiten, die diesem geschichtlichen Wendepunkt eigen sind.

I

Betrachten wir zunächst das Verhältnis der Aufklärung zu den Juden. Die von der jüdischen Subkultur selbst gepflegte Deutung dieses Verhältnisses ist von Historikern richtiggestellt worden, die das politische Moment wieder herausgearbeitet haben. Sie haben uns zunächst einmal deutlich gemacht, daß die Aufklärung bei der Verbesserung der Lage der Juden eine bescheidenere Rolle gespielt hat, als jene Subkultur es wahrhaben wollte. Ein paar Daten dürften in diesem Zusammenhang aufschlußreich sein: Das Einsetzen der Aufklärung in Deutschland läßt sich auf den Ausgang des 17. Jahrhunderts datieren. Christian Thomasius' wichtigste Werke erschienen in den 1690er Jahren und danach; Christian Wolff publizierte die erste Folge seiner Serie von Abhandlungen („Vernünftige Gedancken") 1719; in den 1720er Jahren begann die Blütezeit der „moralischen Wochenschriften"; 1694 wurde die Hallenser Universität gegründet, 1736 die Göttinger; 1700 war das Gründungsjahr der Berliner Akademie der Wissenschaften, 1759 das der bayerischen. Doch bereits 1671 hatten die Juden das Niederlassungsrecht in Berlin erhalten, das nächste Jahr in Anhalt-Dessau, aber schon 1653 in Kurhessen. Nicht die Aufklärung brachte eine beträchtliche Zahl von Juden nach Deutschland zurück, sondern absolutistischer Ehrgeiz in Verbindung mit merkantilistischer Politik.

Diese Rückkehr bedeutete praktisch eine jüdische Neuansiedlung, denn nur in wenigen Gebieten hatten jüdische Gemeinden die Pestepidemien, Verfolgungen und Vertreibungen des späten Mittelalters überlebt – vor allem im Westen (in der Regel um Frankfurt am Main) und im Südosten. Im übrigen Deutschland gab es kaum noch Juden.

Die Neuansiedlung setzte im Dreißigjährigen Krieg und danach ein, als immer mehr Fürsten die Juden als Wohlstandsbringer schätzen lernten, als Helfer bei der Wiederbelebung der Wirtschaft und Werkzeuge, um die Stände auszumanövrieren. Die merkantilistische Praxis eilte in diesem Fall der merkantilistischen Theorienbildung und Gesetzgebung voraus. Ein bemerkenswertes Beispiel bot Brandenburg. Im Westfälischen Frieden war das Prinzip der Toleranz für die private Ausübung der drei anerkannten christlichen Konfessionen festgeschrieben worden – der lutherischen, der calvinistischen und der katholischen, nicht aber anderer christlichen Glaubensrichtungen. Doch dann verkündete der Große Kurfürst Friedrich Wilhelm 1662 in einem Edikt das Gebot „christliche(r) Toleranz und Bescheidenheit..., damit die Wahrheit im Frieden gesucht und gefunden würde". 1664 weitete er die „tolerantia ecclesiastica" auf die protestantischen Sekten aus. 1671 verkündete er, den Ständen zum Trotz und Schrecken, „daß die Juden mit ihren Handlungen uns und dem Lande nicht schädlich, sondern vielmehr nutzbar erscheinen", und gewährte fünfzig jüdischen Familien, die kurz vorher aus Wien ausgewiesen worden waren, das Ansiedlungsrecht. Für eine solche der Staatsräson verpflichtete, religionsunabhängige Politik gab es bis zum Wöllnerschen Religionsedikt von 1788 keine formalrechtliche Grundlage. Und sie war auch durch die merkantilistische Theorie nicht gedeckt: In Deutschland und England vertraten die wichtigsten merkantilistischen Theoretiker der Zeit die Auffassung, die Juden seien kein Aktivposten, sondern eine Belastung.

Die Folge dieser Politik war, daß von 1648 an bis zum Untergang des Ancien régime der Hofjude zu einer vertrauten Figur wurde. Die Dienste, die er seinem Fürsten leistete, ermöglichten es ihm in vielen Fällen, neue jüdische Gemeinden (Berlin, Dessau) zu begründen oder alte wiederzubeleben (Dresden, Leipzig, Kassel, Braunschweig, Halle). Diese Neuansiedlung bildete einen Meilenstein in der Geschichte der Duldung der Juden. Es handelte sich um eine Duldung, die einem Willensakt des Fürsten entsprang. Es handelte sich also um einen Akt der Toleranz im Rahmen einer ständischen Gesellschaft mit einem Herrscher an der Spitze, der auf der Grundlage politischer und wirtschaftlicher Zweckmäßigkeit Privilegien an Gruppen oder Individuen gewährte.

Daß bei der Zulassung von Juden Nützlichkeitserwägungen vorherrschten, geht klar aus der Differenzierung zwischen Reichen und Armen hervor. Fürsten, die wohlhabenden Juden Aufenthaltsrecht gewährten, entzogen sie häufig der jüdischen Gerichtsbarkeit, indem sie sie ihrer persönlichen Rechtsprechung unterstellten. Solche „Schutzjuden" durften eine Familie haben und sich das für die Führung von Haushalt und Geschäft erforderliche Gesinde halten. Die wenigen, die in den Genuß solcher Privilegien kamen – Hoffaktoren, Großkaufleute –, konstituierten eine neue wirtschaftliche Elite. Sie waren freilich auch zahlreichen Benachteiligungen unterworfen, die ihren Geldbeutel und schlimmer noch, ihr Selbstwertgefühl strapazierten.

Am meisten unter solchen Benachteiligungen zu leiden hatten natürlich die Armen. Nach Schätzungen lebten auf dem Gebiet des späteren Deutschen Reiches um 1750 60 000 bis 70 000 Juden.

Fünfzig bis sechzig Prozent von ihnen hatten einen niedrigeren Lebensstandard als nichtjüdische Zunftmeister, wobei mehr als die Hälfte ein prekäres Dasein als Kleinhändler, Bettler und Diebe fristete. Im Zeichen merkantilistischer Politik war es ein Gebot der Staatsräson, solche „Betteljuden" und „Trödeljuden" nicht ins Land zu lassen oder aber sie zu vertreiben, wie 1750 in Preußen geschehen. Ein permanentes Aufenthaltsrecht war für einen solchen Juden in aller Regel ein unerreichbarer Traum, es sei denn er stand in den Diensten der wirtschaftlichen Elite. Doch auch diejenigen, die in einem Dorf oder einer Kleinstadt ein Domizil fanden, taten sich oft schwer, ihren Unterhalt zu sichern, weil „Berufsverbote" und andere Benachteiligungen ihnen das Leben schwermachten; am demütigendsten war der „Leibzoll", eine Abgabe, die außer auf Juden nur auf Nutztiere erhoben wurde.

Wenn Staatsräson und merkantilistisches Denken die Rückkehr der Juden in deutsche Lande förderten, was leistete dann die Aufklärung? An welchem Punkt griff sie in die Geschicke der Juden ein? Eine frühe Äußerungsform waren staatliche Eingriffe in die kommunale Selbstverwaltung der Juden. Sie vollzogen sich im Rahmen des allgemeinen Bestrebens der Staaten, im Namen stärkerer administrativer Zentralisierung und größerer fiskalischer Unabhängigkeit die ständischen Institutionen zu entmachten. Die Machtausweitung der Zentralgewalt, die zu einer zunehmenden Vereinnahmung auch der Juden durch eine alles durchwuchernde staatliche Bürokratie führte, läßt sich durchaus als Wirkung der politischen Ideale der Aufklärung deuten. Die Unmittelbarkeit der Beziehung zwischen Staat und Staatsbürger gehörte zu den von der Naturrechtstheorie propagierten Zielen, galt sie doch als Voraussetzung für die Einlösung der Rechte des Individuums. Diese administrative Zentralisierung war eine notwendige, aber nicht hinreichende Voraussetzung für das nächste Entwicklungsstadium nach der Duldung, die Emanzipation. Vorbedingung für diese waren ein verändertes Judenbild und eine grundlegende Umstrukturierung von Staat und Gesellschaft (wie z. B. in Baden 1809, in Preußen 1812).

Die Aufklärung lieferte dieses neue Bild, indem sie die Idee eines universellen Menschentums in Umlauf setzte. Die Historiker haben uns freilich aufgezeigt – und wir kommen damit zu unserem zweiten Aspekt der Aufklärung –, daß die Aufklärer in dieser Beziehung eine zutiefst zwiespältige Position einnahmen. Die Idee eines universellen Menschentums setzte die Vorstellung einer universellen Moral voraus. Anstelle des Glaubens sollte die „Tugend" zum Ausweis der Zugehörigkeit werden. Den Aufklärern schwebte eher eine Gesellschaft tugendhafter Menschen vor als eine Gesellschaft von Gläubigen, obwohl man natürlich beides sein konnte. Das Problem bestand nun darin, daß die Aufklärung in Europa starke Zweifel an der Tugendhaftigkeit der Juden (nicht nur ihrer aktuellen, sondern auch ihrer potentiellen) hegte. Man war zwischen widersprüchlichen Judenbildern hin und her gerissen. Die Folge war, daß die Aufklärung die überlieferte christliche Vorstellung von der theologischen Minderwertigkeit des Judentums in die säkulare Vorstellung von einer moralischen Minderwertigkeit der Juden umformte.

Die Moralfrage war zentral für das Verhältnis der deutschen Aufklärung zu den Juden. Um die Jahrhundertmitte entstanden die Grundlagen, die ein Eintreten für die Duldung der Juden und schließlich auch für ihre Emanzipation möglich machten. Die Kameralisten erkannten die wirtschaftliche Nützlichkeit der Juden. Autoren wie Gellert und Lessing schufen die Gestalt des „edlen Juden", der, zumindest in der Theorie, für die Juden Tugendhaftigkeit beanspruchte. Diese und andere Schriftsteller vertraten überdies das milieutheoretische Argument, die charakterlichen Mängel der Juden – die bei den ärmeren unter ihnen so unübersehbar hervortraten – seien nicht so sehr Ausdruck eines jüdischen Nationalcharakters oder religiöser Prägung als vielmehr Folge ihrer Diskriminierung und Benachteiligung. Diese Argumente hatten sich in den 1770er Jahren auf breiter Front durchgesetzt. Gleichwohl blieb eine grundlegende Ambivalenz bestehen. Um ein Beispiel zu nennen: In Christian Fürchtegott Gellerts 1746 erschienener Novelle „Das Leben der schwedischen Gräfin v. G." tritt ein russischer Jude auf und liefert den lebenden Beweis dafür, „daß es auch unter dem Volke gute Herzen gibt, das es am wenigsten zu haben scheint". Weiter heißt es: „Vielleicht würden viele von diesem Volke bessere Herzen haben, wenn wir sie nicht durch Verachtung und listige Gewalttätigkeit... niederträchtig und betrügerisch in ihren Handlungen machten und sie nicht oft durch unsere Auffassung nötigten, unsere Religion zu hassen."

In einem Brief brachte derselbe Gellert es freilich fertig, einen Juden, dem er kurz zuvor begegnet war, als „einen alten ehrwürdigen Juden, wenn es solche gibt", zu bezeichnen.

Gellerts „edler Jude" war ein literarisches Retortenwesen.

Eine Folge dieser Ambivalenz war, daß selbst diejenigen, die sich für die Duldung der Juden und ihre Emanzipation einsetzten, diese an die Vorbedingung knüpften, das Judentum müsse sich zuerst erneuern. Klar sichtbar wird dieses Junktim in C. W. Dohms Buch „Über die bürgerliche Verbesserung der Juden" (1781). Dohm brachte mit Nachdruck das milieutheoretische Argument vor: „Der Jude ist noch mehr Mensch als Jude", schrieb er.

Im Anschluß an Dohm wurde die Emanzipation der Juden zunehmend als ein soziales Angebot gesehen, bei dem die Verleihung von Rechten in Aussicht gestellt, zugleich aber von einer jüdischen Läuterung abhängig gemacht wurde, vor allem in Bildung, Berufswahl und Religion. Dohm war politisch klug genug zu erkennen, daß die Emanzipation der erste Schritt sein müsse – daß nur unter den veredelnden Bedingungen der Freiheit mit einer Wandlung der Unterdrückten gerechnet werden konnte. Andere verschlossen sich dieser Einsicht. Die meisten Aufklärer waren der Ansicht, die Emanzipation müsse Zug um Zug ablaufen. Und auch die Staatsgewalten schlugen nicht den von Dohm gewiesenen Weg ein; so vollzog sich die jüdische Emanzipation in Etappen als ein Wandlungsprozeß unter staatlicher Kuratel. Die Folge war, daß die Wandlung der Juden zum öffentlichen Thema wurde, das in der ersten Hälfte des 19. Jahrhunderts im Hinblick auf die Emanzipation, im letzten Jahrhundertdrittel und während der Weimarer Republik in Gestalt der sogenannten Judenfrage erörtert wurde. Das Thema ließ also die Deutschen und die deutschen Juden von der Epoche der Aufklärung bis zum bitteren Ende nicht mehr los. Um so verständlicher war der kompensatorische Kult der Aufklärung, den die deutschen Juden mit um so größerer Inbrunst zelebrierten, je heftiger die Debatte um ihre Emanzipation tobte.

Ein Historiker hat im Hinblick auf Frankreich die These vertreten, das anmaßende Ansinnen der Aufklärer, die Juden müßten sich ändern, sei die Wurzel des modernen Antisemitismus gewesen. Das ist eine überzogene Deutung. Aber wir sollten uns, so meine ich, nicht scheuen, das zwiespältige Verhältnis der Aufklärung zu den Juden und die daraus erwachsenen Konsequenzen zu sehen. Die Aufklärer hatten den Mut, die Juden als Menschen anzuerkennen. Sie waren aber von dem, was sie verkündeten, nicht überzeugt genug, um die Juden ohne Vorbehalt als Menschen zu behandeln.

II

Soviel zur Aufklärung. Und die Juden? Hier würde ich mich gern auf die jüdische Form der Aufklärung konzentrieren, die Haskala. Die Anfänge der Haskala werden in der Regel auf die 1770er Jahre datiert und mit Persönlichkeiten wie Moses Mendelssohn, Naphtali Herz Wessely und David Friedlaender in Verbindung gebracht. Ihre bekanntesten publizistischen Hervorbringungen waren die in hebräischer Sprache erscheinende Zeitschrift „Ha-Meassef" („Der Sammler"), Wesselys pädagogisches Manifest „Divrej Shalom ve-Emet" („Worte des Friedens und der Wahrheit") und Mendelssohns Bibelübersetzung ins Deutsche (gedruckt in hebräischer Schrift). Ihre bekannteste Institution war die 1778 gegründete Berliner Freischule. Die meisten Historiker sehen darin eine an die Aufklärung angelehnte reformistische Kampagne mit dem Ziel, die Emanzipation herbeizuführen. Diese Interpretation stempelt die Haskala zu einer Reaktion auf Entwicklungen außerhalb des Judentums. Sie übersieht, daß die Anfänge der Haskala weiter zurückreichen als in die 1770er und 1780er Jahre, in denen erstmals die Beschäftigung mit dem Thema Emanzipation hinzutrat; begonnen hatte die Haskala jedoch als innerjüdische Bewegung für eine Erneuerung des Judentums. Die Begegnung mit der Aufklärung formte sie mit. Zu einer Bewegung für die Reform der Juden wurde sie erst später.

Historiker neigen dazu, das europäische Judentum der frühen Neuzeit als geschichtslos oder „traditional" zu qualifizieren. Das war es keineswegs. Es war eine besondere Form der Aneignung der Tradition – ich möchte hier von „barockem Judentum" sprechen –, die, wie andere Aneignungen auch, ihre Stärken und Schwächen hatte. Ihre Stärke war die unverwandte Konzentration auf das Studium des Talmud und der Gesetze, unterstützt häufig von mystischen, d. h. kabbalistischen Ideen. Zu ihren Schwächen gehörten die Methoden des Talmud-Studiums – eine Kasuistik, die sich häufig über den Wortsinn hinwegsetzte –, die Vernachlässigung des Hebräischen, der Bibel und der jüdischen Philosophietradition sowie eine kulturelle Engstirnigkeit, die sich etwa in der Geringschätzung der Sprache und des Wissens anderer Völker manifestierte.

Die Haskala war kein Angriff auf die Tradition, sondern ein Reformversuch am barocken Judentum. Sie speiste sich aus einer Anzahl von Quellen. Seit Ende des 16. Jahrhunderts gab es eine Kritik von Pädagogen, die ein tiefes Unbehagen an den Lehrplänen der jüdischen Schulen artikulierte, namentlich am Vorrang der Kasuistik innerhalb des Talmud-Studiums. Zu diesen Kritikern gesellten sich Leute, die die Schulen der sephardischen Juden bewunderten. Etwa in Amsterdam wurde die Bibel systematisch durchgenommen und die hebräische Sprache gelehrt, der Talmud eher wörtlich als kasuistisch interpretiert und wurden auch lebende Sprachen, Naturwissenschaft und Mathematik gelehrt. In der ersten Hälfte des 18. Jahrhunderts erschienen mehrere Werke, die auf jeweils eigene Art Beiträge zu einem anderen Verständnis des Judentums lieferten: hebräische Wörterbücher und Grammatiken, populärwissenschaftliche Abhandlungen in hebräischer Sprache, exegetische Arbeiten, die Naturwissenschaft und Mathematik als unerläßliche Werkzeuge für ein korrektes Verständnis der Bibel und des Talmud priesen, Anleitungen zum besseren Verständnis der mittelalterlichen jüdischen Philosophie. 1742 wurde Maimonides' „Führer der Unschlüssigen", eines der grundlegenden Werke der jüdischen Philosophie des Mittelalters, erstmals nach fast zweihundert Jahren wieder veröffentlicht.

Eine Publikation aus der Jahrhundertmitte ist vielleicht am ehesten geeignet, Verständnis für das Wesen der Haskala zu wecken. 1755 gab Moses Mendelssohn einige Nummern einer hebräischen Zeitschrift mit dem Titel „Kohelet Musar" („Der Moralprediger") heraus. Den „moralischen Wochenschriften" nachempfunden, stand diese Zeitschrift für eine neue Sicht biblischer, rabbinischer und philosophischer Texte aus mittelalterlicher Zeit, erläutert anhand der philosophischen Kategorien Christian Wolffs. In den Beiträgen wurde das von der Aufklärung propagierte Ideal des „tugendhaften Menschen" hochgehalten, der sich der religiös-metaphysischen Wahrheit und der Erfüllung moralischer Verpflichtungen verschreibt.

Die Haskala war ein neues, aber doch ganz im Rahmen der politischen und theologischen Grenzen bleibendes „Medium" für die Auslegung des jüdischen Glaubens. Als Versuch einer geistigen Erneuerung hatte sie viel sowohl mit der theologischen Aufklärung im Protestantismus als auch mit dem Reformkatholizismus gemein, die beide das Ziel verfolgten, die Scholastik zu überwinden und an ihre Stelle eine vernünftige Auseinandersetzung mit der eigenen Religion zu setzen.

Die 1770er und 1780er Jahre brachten eine bedeutsame Wendung: die unauflösliche Verflechtung der Haskala mit der jüdischen Emanzipation. Die öffentliche Diskussion, die in Dohms berühmtem Traktat einerseits, Josephs II. Toleranzpatent andererseits gipfelte, politisierte die Haskala. Die auf die Erneuerung des Judentums hin orientierten pädagogischen Konzepte wurden jetzt zu Werkzeugen für die Reform der Juden umfunktioniert. Wesselys Schrift „Worte des Friedens und der Wahrheit" von 1782 ließ dann die innerjüdischen politischen Spannungen aufbrechen, die durch die Politisierung der Haskala entstanden waren. Das Toleranzpatent Josephs II. begründete die gesetzliche Schulpflicht für jüdische Kinder, auch für weltliche Unterrichtsfächer. Wessely versuchte Joseph II. zu unterstützen, indem er aufzeigte, daß eine solche Reform den jüdischen Glauben nicht bedrohte, daß sie ihm vielmehr zugute kommen würde. Die Einführung solcher Neuerungen im Geist der Haskala war seiner Überzeugung nach geeignet, sowohl zu einer Erneuerung des jüdischen Glaubens als auch zu einer Reform der Juden zu führen. Allein, Wesselys Pamphlet zog die Kritik einflußreicher Rabbiner auf sich. Dieselben Rabbis kritisierten in der Folgezeit Mendelssohns Bibelübersetzung und Kommentar – wie auch die Freischule, deren Verlag, die orientalische Buchdruckerei, Publikationsverbot erhielt.

Brachten die 70er und 80er Jahre des 18. Jahrhunderts die Verschmelzung der Haskala mit den Zielen der Emanzipation, so sahen die 90er Jahre ihre Anbindung an die Sache der Assimilation. Nachlassende oder läßliche Gesetzestreue bei den Wohlhabenden, Glaubensabkehr und interkonfessionelle Heiraten bei den Jüngeren, dazu aus dem Mund mancher radikalen Denker (z. B. Lazarus Ben-David oder Saul Ascher) der Ruf nach Abschaffung des jüdischen Rechts, da es sich als unüberwindliches Hindernis für die Emanzipation erwiesen habe – all das wurde nun auf das Konto der Haskala gebucht. In Wirklichkeit waren das Entstellungen, wie sie sich nicht nur die Haskala gefallen lassen mußte. Auch der Reformkatholizismus und die protestantische theologische Aufklärung wurden in der Zeit der Spätaufklärung politisiert und mit Ideen und politischen Konzepten befrachtet, die zu ihrem ursprünglichen Charakter nur schlecht paßten.

Ich möchte damit zum letzten Teil meiner Ausführungen kommen.

III

Ein kaum bekannter Berührungspunkt zwischen Aufklärung und Haskala – der Untertitel dieses Vortrags leitet sich davon ab – hatte mit der Haltung der etablierten Religionen in der Frage der Duldung zu tun. Das 19. Jahrhundert umhüllte dieses Thema mit dem Nebel des Mythos. Der Kulturprotestantismus schrieb den Katholiken ein ewiges Monopol für Intoleranz zu, die Katholiken ziehen die Protestanten der religiösen Gleichgültigkeit.

Die deutschen Juden versicherten, das Judentum sei immer tolerant gewesen. Die Tatsachen zeigen, daß dem nicht so war. Im Deutschland des 18. Jahrhunderts mußten alle drei Religionen Toleranz erst lernen. Das war weder einfach noch ein schmerzloser Prozeß. Wollte man die Forderung nach Toleranz legitimieren, bedurfte es größerer theologischer Revisionen, sei es in bezug auf die Auslegung zentraler Glaubensinhalte (wie etwa der Offenbarung) oder im institutionellen Selbstverständnis der Kirche bzw. der Synagoge. Protestantische theologische Aufklärer, Reformkatholiken und jüdische *maskilim* setzten diese Revisionen durch, indem sie einen Ausgleich zwischen dem Naturrecht und dem Glauben herbeiführten.

Das praktische Handeln war in der Regel der religiösen Theorie einen Schritt voraus. Was die protestantische Seite betrifft, so haben wir gesehen, daß in der zweiten Hälfte des 17. Jahrhunderts einige Fürsten Toleranz übten. Dies ging über die Bestimmungen des Westfälischen Friedens hinaus, so daß dessen Aussagen in Sachen Duldung und Recht auf persönliche Religionsausübung strittig wurden. Als das Thema im 18. Jahrhundert in der protestantischen Theologie debattiert wurde, ging es bereits um mehr: das dogmatische Prinzip der Toleranz und der vollen bürgerlichen Gleichberechtigung in Verbindung mit dem Recht auf öffentliche Religionsausübung.

Zu denen, die eine theologische Begründung für das Toleranzgebot lieferten, gehörte Johann Lorentz von Mosheim, Kirchenhistoriker und Theologieprofessor in Göttingen. Mosheim propagierte eine Kollegial-Theorie des Kirchenrechts, die sich die von der Aufklärung geforderte Achtung der Freiheit und Vernünftigkeit des einzelnen zu eigen machte und sie zu einem Wesensmerkmal des christlichen Glaubens und der Kirche erklärte. Gewissensfreiheit und Toleranz seien die „kläresten und deutlichsten Verordnungen Christi und der Apostel". Mosheim verwandelte durch seine Interpretation der Heiligen Schrift und seine Auffassung vom Wesen der Kirche den Anspruch der Offenbarungswahrheiten in eine Forderung nach Toleranz. Zugleich lieferte sein Ansatz die Legitimation für innerkirchliche Reformen. Wenngleich die Diskussion innerhalb des Protestantismus noch bis Ende des Jahrhunderts anhielt, waren die unterschiedlichen Positionen schon um die Jahrhundertmitte ausformuliert und verfehlten nicht ihre Wirkung auf Katholiken und Juden.

Auch im katholischen Lager folgte die Theorie der Praxis nach; allerdings geschah dies hier eine oder gar mehrere Generationen später als bei den Protestanten. Der katholische Weg zur Toleranz führte über zwei besonders hohe theoretische Hindernisse. Das eine war die Frage nach dem Status des Gläubigen: Waren die Nichtkatholiken vorsätzliche Glaubensverleugner und hatten deswegen Strafe verdient, oder handelten sie in „unüberwindlicher Unwissenheit" und waren deshalb nicht schuldfähig; waren sie also „formelle" oder nur „materielle" Ketzer? Das zweite war die Frage nach dem Status der Kirche: War sie die „alleinseligmachende Kirche", oder war das Heil auch anderswo zu gewinnen?

Die meisten katholischen Reformtheologen beschäftigten sich mit der Frage nach dem Status des Gläubigen. Sie rechtfertigten unter Berufung auf die Naturrechtslehre die bürgerliche Toleranz, indem sie erklärten, die Gewissensfreiheit und die Rechte des einzelnen müßten unverletzlich bleiben, da sie konstitutiv für den christlichen Glauben an sich seien. Ein solches naturrechtlich begründetes Argument vertrug sich vollkommen mit der religiös begründeten Unterscheidung zwischen der Ketzerei und dem Ketzer. Letzterer hatte Anspruch auf Liebe, analog zu der Liebe von der Art, wie Gott sie allen seinen Geschöpfen angedeihen ließ.

Ein weiteres Argument für die Duldung kam von katholischen Professoren des Kanonischen Rechts und basierte auf der sogenannten Kollegial-Theorie. Franz Xaver Gmeiner, Professor für Kanonisches Recht in Graz, konstatierte die Vereinbarkeit von Naturrecht und Offenbarung:

„Die Gesetze des Naturrechts sind unwandelbar, und keiner Veränderung fähig; ja, sie sind so heilig, daß sie die Offenbarung nicht nur allein nicht abschaffen konnte, sondern sie vielmehr bestätigen mußte."

Das Naturrecht sei ein Lebenselement des Staates, dem die

Kirche dabei helfe, den Menschen Sicherheit und „Glückseligkeit" zu geben. Toleranz sei eine vom Herrscher gewährte Gunst, die so lange aufrecht erhalten werden sollte, wie sie der Gesellschaft keinen Schaden zufügte. Überdies wäre es eine Verletzung naturrechtlicher Grundsätze, wenn sich konfessionelle Unterschiede auf den bürgerlichen Status auswirken würden.

Die Haskala widmete sich der Frage der Duldung zunächst nur nebenbei; erst die Emanzipationsdebatte rückte das Thema in den Mittelpunkt. Für die innerjüdische Diskussion über die Duldung wurden die Stellen über die Söhne Noahs aus der „Genesis" wichtig. Alle die, die sich an die sechs Verbote hielten (des Götzendienstes, der Gotteslästerung, des Tötens, des Ehebruchs, des Diebstahls, des Verzehrs rohen Fleisches) und die über ein Rechtssystem verfügten, mittels dessen sie diese Verbote durchsetzen konnten, durften als „Söhne Noahs" anerkannt, sollten in der diesseitigen Welt geduldet werden und würden in der jenseitigen einen Platz zugewiesen bekommen. Die Moslems hatten lange Zeit als „Söhne Noahs" gegolten, die Christen während großer Teile des Mittelalters nicht. Sie wurden wegen ihrer Dreieinigkeitslehre als Götzendiener betrachtet.

Es war Rabbi Jacob Emden aus Altona, der um die Mitte des 18. Jahrhunderts gegen diese Auffassung argumentierte. Er erklärte, das Judentum und das Christentum seien zwei wesensmäßig verwandte Offenbarungsreligionen; das Christentum und der Islam seien darüber hinaus die auserwählten Werkzeuge Gottes für die Überwindung der Abgötterei und für die Verbreitung des wahren Glaubens. Die Christen seien daher als „Söhne Noahs" anzuerkennen. Das war eine innovative Sicht der Dinge, doch entwickelt aus Argumenten, die ganz und gar auf immanenten Kategorien ruhten.

Die Emanzipationsdebatte politisierte diese Ideen. Die Skepsis der Aufklärer gegenüber den Juden erstreckte sich auch auf den jüdischen Glauben – war das Judentum eine tolerante Religion? Wenn nicht, war dann die Emanzipation der Juden rechtens? Der erste Maskil, der an diese Fragen aus naturrechtlicher Sicht heranging, war Napthali Herz Wessely, Autor des pädagogischen Manifests „Worte des Friedens und der Wahrheit". Sein

Interesse an Erziehungsfragen führte ihn zu einem neuen Verständnis der Gebote Noahs. Er identifizierte sie mit den säkularen Kenntnissen, die seiner Überzeugung nach jeder Jude erwerben mußte. Dieses Wissen sei voll und ganz der Ratio zugänglich und bilde die Grundlage der Gesellschaft und der moralischen Ordnung. Alle, die darüber verfügten, seien „Söhne Noahs" und hätten Anspruch auf Duldung.

Moses Mendelssohn ging noch einen argumentativen Schritt weiter als Wessely. Er sprach sich unter Berufung auf naturrechtliche Ideen für eine strenge Trennung von Kirche und Staat aus. Aus der kollegialen Theorie heraus entwickelte er die Vorstellung vom Judentum als einer freien Gemeinschaft gleichberechtigter Menschen, die untereinander ausschließlich die Mittel der Belehrung und Überredung anwenden. Damit nicht genug, sprach Mendelssohn dem Judentum den Anspruch auf „ausschließende Offenbarung ewiger Wahrheiten, die zur Seligkeit unentbehrlich sind", ausdrücklich ab. Er kennzeichnete das Judentum als eine „göttliche Gesetzgebung" (im Gegensatz zu einer „geoffenbarten Religion"), deren Wahrheit sich ihren Anhängern beständig durch die Befolgung ihrer Gebote offenbare. Ein solches Judentum sei tolerant und vertrage sich mit einer multireligiösen Gesellschaft.

John Locke hatte in seinem berühmten „Letter Concerning Toleration" von 1689 die „gegenseitige Duldung" als das „Wesensmerkmal der Wahren Kirche" bezeichnet, hatte dabei aber vor allem den Umgang der Protestanten miteinander gemeint. Die Atheisten hatte er mit der Begründung ausgeschlossen, ohne Gott könne es keine Moral geben, die Katholiken wegen ihrer aufrührerischen Treue zu Rom. Die Duldung, wie sie von Wortführern der drei Konfessionen in Deutschland gepredigt wurde, war ähnlich eingeschränkt. Alle drei waren sich einig, den Atheismus nicht zu dulden. Darüber hinaus teilten Reformkatholiken und die protestantischen theologischen Aufklärer die ambivalente Haltung ihrer weltlichen Zeitgenossen gegenüber den Juden. Die Reformkatholiken ordneten die Juden in die gesonderte Rubrik „gnädige Duldung" *(tolerantia gratiosa)* ein, als Nutznießer einer vom Herrscher willkürlich gewährten und von ihm jederzeit widerrufbaren Duldung. Die theologischen Aufklärer machten die Duldung der Juden schließlich von deren Bereitschaft zur Erneuerung abhängig. Allein, nur auf diesen Unzulänglichkeiten herumzureiten ist verfehlt. Die wahre Bedeutung dieser Konzepte lag in ihrem Vermögen, Duldung zu bejahen, ohne den eigenen Glauben zu relativieren. In allen Religionsgemeinschaften gab es Gegner der Duldung, die fürchteten, sie werde in Gleichgültigkeit, Skepsis oder in eine Relativierung des Glaubens und der Offenbarung münden. Mosheim, Gmeiner und Mendelssohn zeigten, daß diese Befürchtung unbegründet war. Indem sie Religion und Naturrecht miteinander versöhnten, fanden sie zu einer Sprache der Toleranz, die gläubigen Protestanten, Katholiken und Juden gemeinsam war.

Zusammenfassung

Ich habe mich auf das Thema „Juden und Aufklärung" konzentriert. Die Aufklärer traten für die Emanzipation der Juden ein, knüpften sie aber an Bedingungen. Die Haskala begann als religiöses Erneuerungsprogramm, wandelte sich aber im Zeichen der Emanzipation zur gesellschaftlichen Reformbewegung. Die etablierten Religionen freundeten sich mit dem Konzept der Duldung an, ohne die Glaubensinhalte zu relativieren. Aber diese Duldung blieb unvollkommen. Es empfiehlt sich, diese Zwiespältigkeit nicht aus dem Auge zu verlieren. Die Subkultur des deutschen Judentums versuchte das Thema „Juden und Aufklärung" kultisch zu überhöhen. Die Ereignisse des 20. Jahrhunderts brachten es in die Gefahr, verteufelt zu werden. Gewiß markierte das Thema „Juden und Aufklärung" einen Wendepunkt im Verhältnis zwischen Juden und europäischer Gesellschaft, aber wie bei allen bedeutsamen geschichtlichen Entwicklungen wird man auch hier mit Schwarzweißmalerei der Sache nicht gerecht. Der Historiker benötigt, wie mein Blick auf die Geschichte der deutschen und der deutsch-jüdischen Aufklärung hoffentlich gezeigt hat, eine Palette mit vielen Farben und Zwischentönen.

Michael A. Meyer

Soll und kann eine „antiquierte" Religion modern werden?

Die jüdische Reformbewegung in Deutschland in jüdischer und christlicher Sicht

Friedrich Wilhelm Carové war ein Freund der Juden. Schon 1818, als Student an der Universität Heidelberg, hatte er sich mit dem Antrag durchgesetzt, jüdische Studenten in die Heidelberger Burschenschaft aufzunehmen.[1] In den folgenden Jahrzehnten betätigte er sich weiterhin als Fürsprecher der jüdischen Gleichberechtigung; anders als die meisten anderen gebildeten Christen in Deutschland beschäftigte er sich ausgiebig mit dem jüdischen Schrifttum seiner Zeit. Ihm war klar, daß die meisten deutschen Juden in den 1840er Jahren nicht mehr dem traditionellen Glauben anhingen, der als Vermächtnis aus alten Gettozeiten überlebt hatte; vielmehr hatten sie in größerem oder geringerem Maß versucht, die jüdische Religion der modernen Welt anzupassen, in die sie seit Mitte des 19. Jahrhunderts zunehmend hineingewachsen waren.

Allein, bei allem politischen Liberalismus in bezug auf die bürgerliche Gleichstellung der Juden hielt Carové die Modernisierung der jüdischen Religion für ein ganz und gar illegitimes Unterfangen. 1845 veröffentlichte er eine Sammlung seiner Aufsätze zu jüdischen Themen, Aufsätze, die seine hegelianische Überzeugung widerspiegelten, das Judentum stelle lediglich ein Zwischenstadium in der abendländischen Religionsentwicklung dar, und zwar ein durch das Christentum und die moderne Philosophie längst überwundenes. Gewiß, er war bereit, den Fortbestand der jüdischen Religion als Fossil oder Mumie, als Relikt aus einer untergegangenen Epoche, zu akzeptieren. Aber die Vorstellung, das Judentum könne mehr sein als eine überholte Vorstufe des universalen Fortschritts, könne etwa gar einer Weiterentwicklung fähig sein, diese Vorstellung erschien ihm sowohl philosophisch verfehlt, da unhegelianisch, als auch politisch widerwärtig.

Für Carové stand fest, daß die Bewegung für eine Reform der jüdischen Religion nicht echt sein konnte. Sie stand dem vorbestimmten Verschwinden dieser Religion im Prozeß des geschichtlichen Fortschritts im Wege. Von Rechts wegen hätte das Judentum ganz und gar im Weltgeist aufgehen müssen, ohne Hinterlassung irgendeines Restes. Unvorstellbar, daß es imstande sein sollte, diesen Prozeß umzukehren, indem es etwa versuchte, den universellen Weltgeist in sein eigenes Glaubensgebäude zu integrieren und dabei gleichwohl jüdisch zu bleiben. Verkörperte der jüdische Glaube nicht das Stadium eines extremen religiösen Ethnozentrismus, über das die Entwicklung längst hinweggeschritten war in Richtung auf den Universalismus? Und war er nicht – wie übrigens auch der Katholizismus – seinem ganzen Charakter nach unfähig zu jeglicher inneren Weiterentwicklung? In Carovés eigenen zornigen Worten:

„Als durchaus unstatthaft und verwerflich muß vollends jeder Versuch erscheinen, eine von Anfang an auf Privilegien basirte und durch und durch von dem Privilegiums-Dünkel infizirte Religion, wie die des Judenthums, dadurch noch konserviren zu wollen, daß man, unter dem Vorwande der Fortentwicklung, sie des größten Theiles ihrer wesentlichen Eigenthümlichkeit beraubt, um das übrig gelassene Gerippe derselben mit dem von fremden Händen gewobenen Prachtgewande der Humanität und der göttlichen Universalität zu bekleiden.

Der Mosaismus, wie der Katholizismus sind, was man auch sagen mag, antiquirte Formationen, denen ... noch eine zeitliche und lokale, aber keine welt-historische, keine bleibende Berechtigung mehr zugestanden werden kann."[2]

Nach Überzeugung Carovés waren also die beiden für die Moderne charakteristischen Werte der Humanität und der Universalität nicht in die jüdische Religion integrierbar, so sehr die Juden sich auch darum bemühen mochten. Für ihn stand, wie für die meisten gebildeten Christen des 19. Jahrhunderts, fest, daß Modernität und Judentum einfach zwei unvereinbare Dinge waren.

Kaum nötig zu sagen, daß die Juden selbst dies anders sahen. Im Deutschland des 18. Jahrhunderts hatten die ersten Anzeichen einer sich ausbreitenden Toleranz gegenüber den Juden zu einer Neuinterpretation des Judentums geführt, die nicht nur die angebliche Unvereinbarkeit von jüdischer Religion und Aufklärung bestritt, sondern den Eindruck zu erwecken suchte, das Judentum sei geradezu der exemplarische Ausdruck ihrer Werte. Der Philosoph Moses Mendelssohn, der erste namhafte aufgeklärte Jude Deutschlands, war in der Praxis ein strenggläubiger Mann. Er bekannte sich zu dem orthodoxen Glaubensprinzip, die Thora, der Pentateuch, sei Moses auf dem Berge Sinai übergeben worden und die darin niedergelegten Gebote seien für die Juden jeder Generation absolut verbindlich. Er glaubte nicht, daß die Wesenselemente des jüdischen Glaubens einem geschichtlichen Wandel oder Fortschritt unterlagen; als Kind der Aufklärung war er überzeugt, gewisse grundlegende Wahrheiten seien ewig gültig und dem Grundsatz nach zu jeder Zeit der vernunftgemäßen Erkenntnis zugänglich. Jedoch arbeitete Mendelssohn Aspekte des jüdischen Glaubens heraus, die vor seiner Zeit zumeist unbeachtet geblieben waren. Er erklärte, das Judentum sei mit der von der Aufklärung propagierten neuen, universalistischen Weltanschauung und ihren Toleranzgeboten nicht nur vereinbar, sondern diese Perspektive sei ihm schon seit seinen frühesten Anfängen inhärent gewesen.

Mendelssohn betonte, daß der jüdische Glaube, anders als der christliche, das Seelenheil der Gläubigen nicht von der Anerkennung einer bestimmten Glaubensbotschaft oder Offenbarung abhängig mache. Hatten nicht schon die Rabbiner des talmudischen Zeitalters erklärt, die Gerechten aller Völker würden ihren Anteil an der jenseitigen Welt bekommen? Wenn die Überwindung eines engstirnigen Religionspartikularismus also ein notwendiger Bestandteil des Fortschritts war, so hatte der jüdische Glaube diese Norm längst erfüllt. Mendelssohn wies außerdem darauf hin, daß es im Judentum keine der Vernunft unzugänglichen Dogmen gebe. Auch in dieser Beziehung unterscheide er sich vom traditionellen Christentum, das von den Gläubigen die Unterwerfung unter gewisse konkrete Glaubensartikel fordere, die sich einer vernünftigen Begründung entzögen. Der jüdische Glaube kenne derartige Forderungen nicht. Er stelle seinen Gott nicht als eine Dreieinigkeit dar, sondern als den einen Schöpfer und Erhalter der Welt, eine Vorstellung, die nach Überzeugung Mendelssohns der menschliche Verstand zwanglos nachvollziehen konnte. Wenn also neben die Toleranz als weiteres Kriterium für eine moderne Weltanschauung die Rationalität trat, bedurfte das Judentum auch hier keiner Modernisierung. Es war von Haus aus modern.[3]

Diese Argumentation Mendelssohns fand keine breite Zustimmung. Sie widersprach ganz und gar dem Bild, das die christliche Welt sich seit jeher vom Judentum machte. Seit Jahrhunderten hatten die Christen im Judentum eine Religion gesehen, die einen strengen Unterschied zwischen Juden und Nichtjuden machte und, während sie in letzteren nie viel mehr sah als Götzendiener, unbeirrbar an der Überzeugung festhielt, einzig die Juden seien das auserwählte Volk Gottes. Von Rationalität weit entfernt, steckte der jüdische Glaube für sie vielmehr voller abergläubischer Dogmen und Ritualgesetze. Mendelssohns Deutung des Judentums als einer universalistischen und rationalistischen Religion zu akzeptieren hätte für einen Christen jener Zeit nicht bloß eine kleine Korrektur überkommener Vorurteile bedeutet, sondern eine Revolution im Denken. Es hätte bedeutet, sich mit dem Gedanken abzufinden, daß das Christentum nicht einen Fortschritt gegenüber der jüdischen Religion darstellte, sondern lediglich eine andere Art des Glaubens an Gott. Selbst Gotthold Ephraim Lessing, der großzügigste unter allen Geistern der deutschen Aufklärung und enge Freund Mendelssohns, konnte ihn nur als Person akzeptieren, als einen tugendhaften und toleranten Menschen, der zufällig als Jude auf die Welt gekommen war; sich die Vorstellung seines Freundes von der jüdischen Religion zu eigen zu machen, dazu sah er sich nicht in der Lage. Für Lessing stand fest, daß der jüdische Glaube sich nur zu einer modernen Religion entwickeln würde und konnte, wenn er aufhörte, jüdisch zu sein. Wie später Hegel sah auch Lessing in ihm nicht mehr als eine Zwischenstufe im universellen Prozeß der religiösen Entwicklung, der über das Judentum zum Christentum hingeführt hatte.

Im Gegensatz zu den Christen fiel es Mendelssohns jüdischen Glaubensgenossen nicht schwer, seine von der Aufklärung inspirierte Deutung zu akzeptieren, der jüdische Glaube sei eine im Reich der Vernunft angesiedelte Naturreligion mit einem Andersgläubige nicht ausschließenden Heilsversprechen. Was diese Mendelssohnsche Deutung für einen wachsenden Teil namentlich der deutschen Juden problematisch machte, war der Umstand, daß der jüdische Glaube in der Praxis den ihm von Mendelssohn zugeschriebenen Qualitäten nicht immer gerecht wurde. Wenn er tatsächlich ein der Vernunft verpflichtetes System war, weshalb war dann in den Gebeten die Rede von Engeln, von der Hoffnung auf Rückkehr ins Heilige Land, vom übernatürlichen Erscheinen eines Messias, vom Wiederaufbau des alten Tempels, von der Wiedereinführung des Tieropferdienstes? Oder wie war es zu erklären, daß eine Religion, die angeblich die Werte der Neuzeit längst in sich trug, in ihren äußeren Erscheinungsformen so weit von den allgemeinen ästhetischen Normen der Gegenwart entfernt war? In den Synagogen gab es keinen Chorgesang, keine Instrumentalmusik; die Gebete wurden auf hebräisch und aramäisch gesprochen, Sprachen, die nur noch wenigen Juden geläufig waren (und jüdischen Frauen so gut wie gar nicht). Predigten zur Erbauung der Gläubigen gab es nicht. Die jüdische Religion mochte ihren grundlegenden Werten nach modern sein; äußerlich bot sie ein nach den kulturellen Maßstäben der Zeit fremdartiges Erscheinungsbild.

Die Reformbewegung im deutschen Judentum begann eigentlich als praktischer Versuch, zwar nicht die Grundlagen der jüdischen Religion, aber ihre öffentliche Selbstdarstellung zu reformieren. Die ersten Ansätze einer innerjüdischen Reformbewegung in Deutschland in den ersten Dekaden des 19. Jahrhunderts – in Westfalen, Berlin und Hamburg – gingen allesamt auf eine Modernisierung der religiösen Praxis aus.[4] Auch wenn die Reformer ganz im Geist Mendelssohns daran festhielten, daß das

Judentum geistliche Anleihen beim Christentum nicht nötig habe, mußten sie doch einsehen, daß der Gottesdienst in den christlichen Kirchen eher in der Lage war, modern denkende religiöse Menschen anzusprechen, als der ästhetisch unattraktive Gottesdienst in den Synagogen. An den Gebetstexten selbst nahmen die Reformer zunächst kaum Änderungen vor. Sie waren vielmehr vorrangig bestrebt, den äußeren Rahmen und die Form des Gottesdiensts zu modernisieren und ihn dadurch in seinem neuen kulturellen Kontext attraktiver zu machen. Sie führten eine Ordnung ein, wo bis dahin Regellosigkeit geherrscht hatte, und versuchten die Synagoge zu einem Heiligtum zu machen, in dem man alles Weltliche hinter sich ließ. Sie sorgten dafür, daß erbauliche Predigten gehalten wurden, von jungen Predigern, die sich am Vorbild der bedeutendsten christlichen Theologen orientierten. Und sie räumten der Orgel einen Platz im Gottesdienst ein, nicht nur um dessen ästhetische Attraktivität zu erhöhen, sondern auch als Mittel zur Unterstützung und Führung des Gesangs. Teilweise wurden die Gottesdienste jetzt auf deutsch abgehalten, damit vor allem auch die Frauen, die von den traditionellen Formen jüdischer Andacht weitgehend ferngehalten waren, dem Geschehen folgen konnten. Den Pionieren der Reformbewegung ging es also darum, die Religion, von der Mendelssohn gesagt hatte, sie sei ihrem Gehalt nach modern, deren religiöse Praktiken aber nach allgemeinem Urteil antiquiert waren, nun auch in eine moderne äußere Form zu kleiden.

Die Reformer begriffen die von ihnen gestifteten Neuerungen nicht als Nachahmung christlicher Vorbilder. Sie sahen darin eher eine verspätete Umsetzung neuzeitlicher europäischer Werte, die die christlichen Kirchen schon früher übernommen hatten, während den Juden der Zugang zu ihnen wegen ihrer Gettoisierung lange Zeit versperrt gewesen war. In diesem Sinn konnte Leopold Zunz 1823 im Vorwort zu einer gedruckten Sammlung von Predigten, die er in der Synagoge der reformierten Berliner Gemeinde gehalten hatte, schreiben, der „israelitisch-deutschen Synagoge" liege die Idee einer „Versöhnung zwischen ächter Religiösität des Morgenlandes, und ächter Cultur des Abendlandes" zugrunde.⁵ Das Judentum müsse sich einfach nur das Gewand der abendländischen Kultur überstreifen. Seine kultivierten Vertreter hätten mittlerweile einen Bildungsstand erreicht, der sich endlich auch in der Praxis ihrer Religionsausübung niederschlagen müsse.

Einen guten Einblick in den Geist dieser Anfangsphase der Reformbewegung eröffnet die Lektüre der deutsch-jüdischen Zeitschrift „Sulamith", die von 1806 an publiziert wurde. Ihre Herausgeber räumten bereitwillig ein, daß die jüdische Religion, so wie sie konkret praktiziert wurde, nicht ganz Mendelssohns idealisierter Vorstellung entsprach. Sie richteten eine ständige Rubrik ein mit dem Titel „Gallerie schädlicher Mißbräuche, unanständiger Convenienzen und absurder Ceremonien unter den Juden", in der sie lärmende Hochzeitsfeiern ebenso aufs Korn nahmen wie „überflüssigen Aufwand an Festtagen" und „unnützige Schmause bei der Geburt eines Sohns". Andererseits schilderten sie Beispiele nachahmenswerten Verhaltens von Rabbinern und anderen jüdischen Persönlichkeiten. Sowohl in „Sulamith" als auch in jüdischen Katechismusbüchern, die mittlerweile herausgegeben wurden, damit jüdische Schüler sich auf die neu eingeführte Zeremonie der Konfirmation vorbereiten konnten, lag die Betonung eher auf „Religion" als umfassender und verbindender Kategorie denn auf dem Judentum als einer eigenständigen und vom Christentum verschiedenen Glaubensrichtung. Der Glaube an Gott schlechthin und nicht eine bestimmte Konfession wurde als einigendes Band zwischen Menschen unterschiedlicher Glaubenszugehörigkeit hervorgehoben. Charakteristisch ist die folgende Anregung für die religiöse Erziehung jüdischer Kinder: „Selbstdenkend lerne er in der Sonnennähe der Vernunft einsehen, daß es nur *eine* wahre Religion giebt, wie nur *eine* Menschheit und *ein* Gott ist, und daß alle Religionen nur *Formen* dieser einen sind..."⁶

Manche aufgeklärten Juden gingen weiter als die „Sulamith"-Autoren. Lazarus Bendavid, ein jüdischer Kantianer, hatte schon 1793 postuliert, wahrhaft aufgeklärte Juden müßten eine Stellung „gleich weit vom Judenthume und vom Indifferentismo entfernt" beziehen. „Sie sind Anhänger der ächten natürlichen

Religion."[7] Nach Ansicht Bendavids konnte das Judentum aufgrund seiner starren zeremoniellen Regeln nicht völlig universalistisch werden, ohne seiner Identität verlustig zu gehen. Kant hatte ähnlich argumentiert: Der jüdische Glaube bestehe aus Regeln und Ritualen, während wahre Frömmigkeit einzig und allein auf der Moral beruhe. In diesem Sinn schrieb Kant 1798: „Die Euthanasie des Judenthums ist die reine moralische Religion."[8] Wenn die Juden danach trachteten, wirklich religiös zu sein (im Sinne dessen, was ein moderner Philosoph unter Religion verstand), müßten sie den jüdischen Glauben fallenlassen, da dieser sich nicht von seinen Gesetzen trennen lasse und daher notwendigerweise immer heteronom bleibe und die moralische Freiheit, die Kant als Wesenselement eines aufgeklärten Glaubens betrachtete, ausschließe. Einige Juden, darunter Moses Mendelssohns Sohn Abraham, ein begeisterter Anhänger Kants, machten sich das Kantsche Urteil über den jüdischen Glauben zu eigen und konnten so ihren Übertritt zum Christentum philosophisch rechtfertigen.

Die meisten Juden sahen freilich in Kants Verdikt gegen das Judentum eine Herausforderung, nun erst recht zu demonstrieren, daß ihre Religion auf Moral gegründet sei. Daher betonten sie nun in ihren Predigten und ihrem Katechismus die Forderung nach moralgeleitetem Verhalten. Zwar lösten sich in der ersten Hälfte des 19. Jahrhunderts nur die wenigsten deutschen Juden ganz von den rituellen Regeln des Judentums, doch wurden in der jüdischen Erziehung neben den rituellen zunehmend auch moralische Verhaltensregeln betont.

In dem Maß, wie die Juden wirtschaftlich und kulturell in die deutsche Gesellschaft integriert wurden, wurde ihr religiöser Tagesablauf dem der Vertreter des nichtjüdischen deutschen Bürgertums immer ähnlicher. Die führenden jüdischen Persönlichkeiten waren sich einig in der Überzeugung, je mehr das Judentum sich äußerlich dem Christentum annähere, je aufgeklärter die Juden würden, desto größeren Respekt würden die Christen ihnen entgegenbringen. Antijüdische Vorurteile beruhten, so meinten sie, auf einer angestammten Abneigung gegen Gruppen, deren Sprache und deren Sitten als fremdartig erschienen. Um so größer war ihre Überraschung, als sie alsbald feststellen mußten, daß jüdische Anpassung in den meisten Fällen christliche Animosität schürte. Schon 1807 konstatierte ein anonymer christlicher Autor in der Zeitschrift „Sulamith", der Haß auf die Juden steigere sich bei zunehmender Aufgeklärtheit. „Es scheint, als ob die Herren Christen die Juden durchaus in der Dummheit wissen wollen, und ihnen das Licht der Aufklärung nicht gönnen! Thatsachen belegen diese Muthmaßung, da sich viele hiesige Bürger laut genug wider die jüdische Aufklärung äußern, und den schmuzigsten Orthodoxen dem gebildeten Manne vorziehen."[9] Wie wir noch sehen werden, wurde diese eigenartige Bevorzugung von etlichen christlichen Autoren des 19. Jahrhunderts geteilt und auch explizit formuliert, nicht nur gegenüber den Juden als Gruppe, sondern auch gegenüber ihrer Religion.

Mit dem Ende der Aufklärung verloren Mendelssohns Argumente für die Modernität des jüdischen Glaubens ihre Wirkungskraft. Im europäischen Denken des 19. Jahrhunderts erfuhr der Begriff der religiösen Modernität einen Bedeutungswandel; man verstand darunter jetzt eher einen Ansatz, der die geschichtlichen Ursprünge der Religion kritisch analysierte und an die Stelle eines statischen ein dynamisches religiöses Selbstverständnis setzte. Akademisch geschulte jüdische Gelehrte begannen ihre eigene Tradition mit den Augen des kritischen Historikers zu prüfen. Das Aufkommen einer Wissenschaft des Judentums war an und für sich schon ein Indiz für die sich vollziehende Modernisierung des jüdischen Glaubens, gerieten doch durch sie die Ursprünge dieser Religion in die Sphäre der weltlichen Wissenschaft, die sie nach objektiven oder jedenfalls nicht religionsimmanenten Kriterien untersuchte. Kaum verwunderlich, daß die meisten orthodoxen Juden die „Wissenschaft des Judentums" als einen Anschlag auf die übernatürlichen Grundlagen von Bibel und Talmud verurteilten.

Wichtiger noch war das neue Verständnis des jüdischen Glaubens als eines dynamischen Phänomens, das im Verlauf seiner jahrtausendelangen Geschichte immer wieder seine Form gewechselt hatte. Religiöse Reformer wie Abraham Geiger, der diesen Ansatz propagierte, rechtfertigten damit, unter Berufung auf geschichtliche Präzedenzfälle, die Forderung nach Reformen. Darüber hinaus konnten sie das Argument anführen, daß der jüdische Glaube, wenn er sich schon früher wechselnden historischen Kontexten angepaßt hatte, grundsätzlich auch in der Lage sein müsse, sich in den Kontext der modernen Welt, die ihn jetzt umgab, einzupassen – sowie in jedwede andere geschichtliche Situation, die sich noch ergeben mochte. Keinesfalls sei er an eine bestimmte Geschichtsepoche gebunden. Wandel und Anpassung seien somit keine von außen an die jüdische Religion herangetragenen Forderungen, sondern gehörten zu seinen Wesensmerkmalen. Religiöse Reform bedeute nicht Abkehr vom jüdischen Glauben, sondern die Wiedererweckung einer Dynamik, die während der Jahrhunderte des Gettodaseins verborgen gewesen sein mochte, aber gleichwohl ein Teil von ihm war.

Natürlich gab es in den Reihen der deutsch-jüdischen Theologen unterschiedliche Auffassungen vom Wesen dieser Entwicklung. Samson Raphael Hirsch, der Begründer der Neo-Orthodoxie, sah im Judentum eine geoffenbarte Religion, deren Lehren und Gebote ewig gültig waren – was jedoch nicht bedeutete, daß es einer vergangenen Zeit verhaftet war und bleiben mußte. Für Hirsch stand der jüdische Glaube vielmehr über der Geschichte, war somit allen Geschichtsepochen gleich angemessen; er hinkte, so gesehen, der Neuzeit nicht hinterher, sondern war ihr voraus. In Hirschs Worten: „Dann, dann – wenn die Zeiten *Gottgemäß* geworden, wird auch das Judentum *zeitgemäß* sein." Nur in bezug auf wesentliche Äußerlichkeiten habe der jüdische Glaube sich verändert, und das werde er weiterhin tun, um mit einem sich verändernden kulturellen Umfeld Schritt zu halten.

Die jüdischen Religionsreformer gingen viel weiter. Stark von Herder und anderen romantischen Denkern beeinflußt, entwarf Geiger das Bild einer historischen, mit ihrem Umfeld im Austausch stehenden Religion. Die Judenverfolgungen des Mittelalters hätten sowohl den Juden als auch dem jüdischen Glauben ihren fatalen Stempel aufgedrückt. Geiger schrieb in seiner ersten größeren, 1835 publizierten Abhandlung: „So hat also die frühere Schmach, die noch nicht ganz abgewälzt ist, auch unseren Glauben verpestet, indem sie den Geist soviel wie möglich zerknickt und die Form soviel wie möglich verunstaltet hat."[10] Nach Überzeugung Geigers erforderte die Kultur der Neuzeit mit ihrem Toleranzgebot und ihrer kritischen Denkweise eine neue Antwort seitens der Juden. Der unreformierte jüdische Glaube habe zu einer anderen Zeit gepaßt; die Gegenwart verlange nach einer Neubesinnung. Gerade weil die jüdische Religion von Haus aus dynamisch sei, müsse es möglich sein, sie zu reformieren, ohne ihrem Wesen Gewalt anzutun. Das Problem für Geiger bestand darin, seine Glaubensgenossen davon zu überzeugen, daß moderne Elemente dem Baum des jüdischen Glaubens nicht aufgepfropft werden mußten, daß sie vielmehr neue Zweige waren, die organisch aus dem alten Stamm sprossen.

Der radikalste unter den führenden jüdischen Religionsreformern, Samuel Holdheim, gehörte zu denen, die nicht glaubten, der alte Baum könne in die neue Zeit hinübergerettet werden. Für ihn verkörperte die Moderne einen revolutionären Bruch mit traditionellen Denkweisen, auf den es für die Juden nur eine wirkungsvolle Reaktion geben konnte: bei sich selbst aus eigener Kraft eine religiöse Revolution auszulösen. Als deutscher Jude stand man in seinen Augen vor folgender Alternative: „Entweder rabbinischer Jude zu sein und außer der Zeit zu leben, oder in der Zeit zu leben und aufzuhören, rabbinischer Jude zu sein... Das rabbinische Judenthum ist der diametrale Gegensatz unserer Zeit."[11] Der Talmud habe zu seiner Zeit gewiß den religiösen Fortschritt verkörpert, die Anpassung des biblischen Judentums an das Palästina der Römerzeit und das Babylon der Sassaniden. Die Neuzeit verlange indes eine Unabhängigkeit des Denkens, die der Talmud nicht kenne. Nur wenn der jüdische Glaube sich radikal auf den Zeitgeist der Gegenwart einstelle, könne er unter den neuen geistigen und sozialen Umweltbedingungen überleben.

Die Berliner Reformgemeinde, die sich in den 1840er Jahren konstituierte und bald Holdheim an ihre Kanzel berief, verkörperte diesen radikaleren Modernisierungsansatz. In ihrer Synagoge fand der Gottesdienst – beträchtlich gekürzt – größtenteils in deutscher Sprache statt; die Männer mußten nicht mit Hut erscheinen, und bald ging man dazu über, den Gottesdienst nur noch sonntags morgens abzuhalten. Bewahrt wurden nur solche Elemente der jüdischen Liturgie, die mit der „Denk- und Empfindungsweise" der Gemeindemitglieder übereinstimmten, die, wie die Reformer wohl wußten, ebensosehr von den Zeitverhältnissen geprägt war wie von der religiösen Tradition.[12] Mit ihrem ungeschminkten Subjektivismus setzte sich diese radikalste jüdische Gemeinde Deutschlands scharf von anderen nichtorthodoxen jüdischen Religionsgemeinden ab, die der Meinung waren, gewisse durch jahrhundertelange Bewahrung bekräftigte Traditionen ließen sich nicht von heute auf morgen aus der Welt schaffen. Es wäre indes falsch zu glauben, die Botschaft, die von der Kanzel der Reformgemeinde ertönte, habe lediglich aus der ständig wiederholten Mahnung bestanden, den jüdischen Glauben der neuen Zeit anzupassen. Holdheims Vorgänger Salomon Friedländer stellte in seinen wenig bekannten Predigten keineswegs die Kritik an der Orthodoxie in den Vordergrund; er wandte sich vielmehr gegen die Auffassung, der jüdische Glaube sei in der modernen Welt obsolet geworden. Sich selbstbewußt und durchaus polemisch gegen das Christentum stellend, erklärte Friedländer, das Volk Israel sei der „Träger der einfachbestimmten und einzig-richtigen Gotteseinheitslehre", und seine Aufgabe sei daher noch nicht erfüllt.[13] Wir sehen also, daß nicht einmal die radikalsten Vertreter der Reformbewegung einer Kapitulation des Judentums vor dem Christentum oder vor der Moderne das Wort redeten. Gerade aus der Tatsache, daß der jüdische Glaube äußerlich dem christlichen immer ähnlicher wurde und seine Anhänger so sehr von der deutschen Kultur geprägt waren, resultierte ein Bemühen, die grundlegenden theologischen Differenzen zum Christentum und die Rolle, die das Judentum als selbständige religiöse Kraft in Deutschland spielen konnte, herauszustellen. Diese Kombination aus praktischer Assimilation einerseits und der fortbestehenden Überzeugung von dem hohen Rang der jüdischen Religion andererseits stellte die

Christen vor ein Dilemma: War ihnen die herkömmliche jüdische Orthodoxie lieber, die sich mit gewisser Berechtigung als Überbleibsel aus vergangener Zeit abtun ließ, oder das modernisierte Judentum, das sich dem Christentum angenähert hatte, aber fest entschlossen schien, sich seine Selbständigkeit und sein Selbstwertgefühl zu bewahren?

Das vorliegende Material läßt den Schluß zu, daß es den Regierenden in Deutschland ebenso wie christlichen Einzelpersönlichkeiten, seien es Gelehrte oder Politiker, schwerfiel, sich zu entscheiden, ob sie die Juden zu einer Glaubensreform drängen sollten oder ob ihnen ein der orthodoxen Tradition verhaftet bleibendes und damit sichtbar andersartiges Judentum lieber war. Die Regierungen in Österreich und Bayern betrieben eine inkonsequente Politik, indem sie sich zunächst für ein Reformjudentum aussprachen, später aber der Reformbewegung Hindernisse in den Weg legten. Preußen steuerte einen extrem antireformistischen Kurs; exemplarisch zeigte sich dies in dem 1823 ergangenen Erlaß des Königs Friedrich Wilhelm III., der jedes auch noch so geringfügige Abrücken von herkömmlichen religiösen Bräuchen untersagte. Das Großherzogtum Sachsen-Weimar unterstützte den Reformgedanken am nachdrücklichsten und ging einmal sogar so weit, deutschsprachige Gottesdienste für alle jüdischen Gemeinden des Großherzogtums vorzuschreiben, ob dies ihrem Wunsch entsprach oder nicht.

Diverse Autoren lieferten Rechtfertigungen für jeden dieser unterschiedlichen Ansätze. Schon 1781 hatte der Staatsmann Christian Wilhelm Dohm die „bürgerliche Verbesserung" der Juden propagiert, nicht zuletzt weil er überzeugt war, ein politisch stärker integriertes Judentum werde von sich aus eine Reform des jüdischen Glaubens vornehmen. Eine politische und rechtliche Besserstellung werde den Juden Mut machen, ihren, wie Dohm es formulierte, „ängstlichen Ceremonien- und Kleinigkeiten-Geist" abzulegen und sich auf die „freyere und edlere uralte mosaische Verfassung" zu besinnen.[14] Auch andere Autoren stellten diesen Zusammenhang her zwischen Fortschritten in der bürgerlichen Stellung der Juden und einer Modernisierung der jüdischen Religion, wobei sie letztere entweder, wie Dohm, als sicheres Resultat der „bürgerlichen Verbesserung" voraussagten oder sie, was der häufigere Fall war, zu deren Vorbedingung erklärten. Der antisemitische Schriftsteller Friedrich Wilhelm Ghillany stellte die kategorische Forderung auf, Deutschland müsse von einem aufgeklärten Judentum „ein reformiertes jüdisches Bekenntniß" verlangen, in dessen Mittelpunkt das Gebot „Liebe deinen Nächsten wie dich selbst" stehen und das den Verzicht auf die „Messiashoffnung", auf die orthodoxen Speisegesetze und auf die Beschneidung beinhalten müsse.[15] Kaum verwunderlich, daß solche Äußerungen bei vielen Juden die Überzeugung weckten, die Nichtjuden wünschten sich aufrichtig eine innerjüdische Reform – in bezug nicht nur auf das Berufsprofil der Juden, auf ihre Bildungseinrichtungen und ihr Auftreten, sondern auch auf ihre Religion.

Allein, kaum hatte der Reformprozeß eingesetzt, da mußten die Juden feststellen, daß sie in den Augen vieler Christen jetzt erst recht eine Gefahr für Deutschland darstellten. Für den preußischen Regierungsrat Karl Streckfuß war reformiertes Judentum gleich Deismus und damit den konservativen politischen Interessen des Staates abträglich. War der Deismus nicht das Credo der Französischen Revolution gewesen? Friedrich Wilhelm III. von Preußen machte sich dieselben sorgenvollen Gedanken, und auch Johann von Sachsen brachte sie vor der zweiten Versammlung der konstitutionellen Landstände zum Ausdruck.

Es war indes nicht allein die Angst vor einer Verbreitung von Deismus und Sektierertum durch die Juden, die zu Widerstand von außen gegen die Reformbewegung führte. Das vielleicht häufigste Motiv für christlichen Widerwillen gegen die Erneuerung der jüdischen Religion war die Befürchtung, die Bereitschaft, zum Christentum überzutreten, könnte nachlassen. Diejenigen Christen, die für die Reform eintraten, glaubten, sie werde für die Juden nur eine Zwischenstufe auf dem Weg zur Taufe sein. Bald wurde jedoch deutlich, daß der Weg der Juden weg von der Orthodoxie eher zu säkularen Weltanschauungen hinführte als zum Christentum. Unter diesen Umständen war eine jüdische Glaubensreform etwas höchst Unerwünschtes.

Diese Auffassung vertrat am unverblümtesten Bonaventura Mayer, Professor für orientalische Sprachen in Bayern. Ganz zu Anfang eines Buches, das er 1842 veröffentlichte, forderte er die Juden auf, „fest zu bewahren der Väter heiliges Gesetz, und dort, wo man davon abgewichen, wieder zu demselben zurückzukehren". Das sei der einzige Weg, auf dem „[der Jude] dem Ziel der gesammten Menschheit, Überzeugung von der Wahrheit des Evangeliums entgegengehen kann".[16]

War aber von einem orthodoxen Juden wirklich eher als von einem reformierten zu erwarten, daß er zum Christentum übertreten würde? Ein namhafter christlicher Intellektueller, selbst konvertierter Jude, verneinte dies. Friedrich Julius Stahl, Professor der Rechte zu Berlin, war der angesehenste Befürworter des christlichen Staates und hatte für religiösen Liberalismus jedweder Spielart wenig übrig. Doch in seiner Analyse der wahrscheinlichen Folgen einer Reform wich er von Mayer ab. Stahl schrieb:

„Man wird gewiß vom Standpunkt christlicher Erkenntniß aus das Reformjudenthum für etwas ohne allen Vergleich Schlechteres halten, als das alte ächte Judenthum, aber man würde sehr unrecht thun, ihm Hinderniße legen, das Festhalten am alten Judenthum fördern zu wollen; es ist die Brücke zur christlichen Gesittung, dadurch zuletzt zum Christenthum, und ist ihm daher völlige Freiheit zu gewähren."[17]

Nur wenn man das Reformjudentum als „Brücke" ansah, die zu etwas anderem hinführte, konnte man ihm etwas Positives abgewinnen.

Was hatte es nun aber mit der Behauptung der Reformer auf sich, eine modernisierte jüdische Religion werde imstande sein, sich nicht nur in der modernen Welt als selbständige Kraft neben dem Christentum zu behaupten, sondern sich sogar zu einem fortschrittlichen und bedeutsamen Faktor der europäischen Kultur zu entwickeln? Solchen Anmaßungen trat Hermann Wagener, seinerzeit Redakteur der konservativen „Kreuzzeitung", mit der an Carové erinnernden Aussage entgegen:

„Die Lehre von der geschichtlichen Fortentwicklung eines doch immer identischen Geistes, mit der diese Gemäßigten das Judenthum zurecht bringen wollen, ist wiederum außerjüdisch, der Philosophie abgeborgt und findet, richtig verstanden, unter den Religionen nur bei dem Christenthum Anwendung, weil nur dieses einen lebendigen, immer identischen Geist in sich hat."[18]

Es überraschte die Juden nicht, daß die politischen Vertreter des orthodoxen Christentums dem jüdischen Glauben die innere Lebendigkeit und die Fähigkeit zur Weiterentwicklung aus eigener Kraft absprachen. Was sie verwunderte und zutiefst enttäuschte, war der Umstand, daß auch liberale Christen ähnliche Positionen vertraten. Abraham Geiger führte 1862 bittere Klage darüber, daß die „Protestantische Kirchenzeitung", ein Organ der freisinnigen Richtung des deutschen Protestantismus, zielgerichtet und wiederholt gerade jene Juden attackiert hatte, die am engagiertesten für eine in die moderne Welt integrierte jüdische Religion stritten: „Zeigen sie sich nicht als ein Starres, Träges, Antiquirtes, entwickeln sie vielmehr eine rüstige Lebenskraft, bewahren sie eine geistige Macht und begründen darauf Ansprüche: so muß der Gegner als doppelt gefährlich erscheinen."[19] Für liberale Christen war „Fortschritt" im christlichen Bereich etwas Löbliches, auf jüdischer Seite dagegen entweder unvorstellbar oder verwerflich.

Die extremsten Aversionen gegen das Reformjudentum pflegten im Deutschland des ausgehenden 19. Jahrhunderts die erklärten Antisemiten. Zur Orthodoxie bekannte sich zu dieser Zeit nur noch eine kleine Minderheit des deutschen Judentums. Die große Mehrheit hatte sich dem religiösen und politischen Liberalismus verschrieben. Mehr als die meisten anderen Gruppen der deutschen Gesellschaft versuchten die Juden, engstirnigen Formen des Romantizismus das Banner der Aufklärung entgegenzuhalten. In der Tat war es gerade diese Treue zu den Prinzipien einer vergangenen Epoche, die dem Berliner Hof- und Domprediger Adolf Stöcker ein treffliches Argument in die Hand spielte. Nicht nur das orthodoxe Judentum sei wegen seiner gleichsam angeborenen Unfähigkeit zur Weiterentwicklung zwangsläufig antiquiert, vielmehr habe sich das Reformjudentum als ebenso starr erwiesen. Der Unterschied bestehe nur darin, daß das orthodoxe Judentum zur Anpassung an die moderne Zeit überhaupt unfähig sei, das Reformjudentum einmal eine Anpassung vollzogen habe, aber eben nur einmal: an die seinerzeit, beim Auszug der Juden aus dem Getto im späten 18. Jahrhundert, vorherrschende Weltanschauung der Aufklärung. Mittlerweile sei es ebenso zum Fossil geworden wie zuvor die Orthodoxie, wogegen das Christentum sich als zu kontinuierlicher Weiterentwicklung fähig erwiesen habe. Um Stöcker zu zitieren: „[Das Reformjudentum] ist weder Judenthum noch Christenthum, sondern ein dürftiges Überbleibsel der Aufklärungsepoche, dessen Gedanken garnicht dem jüdischen Boden, sondern einer ärmlichen Zeit der christlichen Kirche entsprungen und in der Kirche selbst überwunden sind."[20] Was aber Stöcker und andere Antisemiten wirklich störte, war, daß die Reformer dem Judentum nicht nur eine Gegenwart, sondern auch eine Zukunft bescheinigten. Stöcker und seine Anhänger mochten noch bereit sein, dem Judentum für die Gegenwart einen Platz einzuräumen; die Zukunft jedoch gehörte ihrer Überzeugung nach ausschließlich dem Christentum. Stöckers Rat an die Adresse der Juden lautete, sie sollten doch „der Anmaßung [entsagen], daß das Judenthum die Religion der Zukunft sein werde, da dasselbe doch so ganz die der Vergangenheit ist".[21]

Bei der Lektüre dessen, was diverse christliche Autoren im Deutschland des 19. Jahrhunderts über die innerjüdische Reformbewegung zu sagen hatten, fragt man sich immer wieder, ob es nicht wenigstens einen namhaften christlichen Publizisten gab, der die Reform des Judentums positiv gewertet hätte, wie es die Reformjuden selbst taten: als Wiedergeburt und gelungene Modernisierung einer altehrwürdigen Religion. Ich muß zu meinem Bedauern gestehen, daß ich bisher nirgendwo, auch nicht in den Schriften der liberalsten unter den maßgeblichen christlichen Theologen in Deutschland, Äußerungen gefunden habe, die auf ein Gefühl der Solidarität mit dem sich reformierenden Judentum hätten schließen lassen, ein Gefühl, daß die jüdische Reformbewegung eine ähnliche Aufgabe zu bewältigen hatte wie die Vertreter eines modernen Christentums selbst. Eine Ausnahme bildeten nur, wenn man so will, diejenigen orthodoxen Protestanten, die beide in einen Topf warfen, um sie in einem Atemzug zu verdammen. Eduard von Hartmann, konservativer Exponent eines philosophischen Pessimismus, stellte den folgenden Vergleich an: „[Das Reformjudentum] verkörpert in derselben Weise die Auflösung des Judenthums, wie der liberale Protestantismus die des Christenthums... Das Reformjudenthum ist also sicherlich nicht mehr Judenthum zu nennen, so wenig wie der liberale Protestantismus Christenthum."[22]

Ein echter religiöser Pluralismus im Sinne eines Miteinander von Christen und Juden entwickelte sich meines Erachtens in Deutschland nicht. Im Verlauf des 19. Jahrhunderts errangen die deutschen Juden die rechtliche und politische Gleichstellung, doch ihre Religion wurde nie als eine dem Christentum gleichrangige Glaubenslehre anerkannt. Nur die Juden selber trauten ihrer Religion eine echte, aus eigener Kraft vollzogene Weiterentwicklung unter den Bedingungen der modernen Welt zu. Nicht so die Christen. So konnte der liberale evangelische Theologe Adolf Harnack in seiner berühmten Berliner Rektoratsrede von 1901 rundweg erklären, eine Erweiterung der theologischen Fakultät der Berliner Universität um einen Lehrstuhl für allgemeine Religionsgeschichte sei unnötig, denn: „Wer diese Religion [nämlich die christliche] nicht kennt, kennt keine, und wer sie sammt ihrer Geschichte kennt, kennt alle."[23]

Soll und kann eine „antiquirte" Religion modern werden? Für die meisten Juden Deutschlands am Anfang des 20. Jahrhunderts war diese Frage schon durch die Geschichte vorhergehender Generationen positiv beantwortet. Aber für das christliche Deutschland hatte sich nichts geändert. Das Reformjudentum war nicht echt, und das echte Judentum sollte und konnte nicht modern werden. Historiker, die die Nazi-Zeit bearbeiten, schlagen sich oft mit der Frage herum, weshalb im Deutschland des 20. Jahrhunderts der Antisemitismus auf so verheerend fruchtbaren Boden fiel. Zusätzlich zu allen anderen Ursachen, die sie herausgearbeitet haben, sollten sie vielleicht auch den Umstand bedenken, daß man sich im Deutschland des 19. Jahrhunderts einig war, unter den Bedingungen der Moderne nur einer einzigen Religion eine Existenzberechtigung zuzugestehen. Was man anfangs der jüdischen Religion nicht zugestanden hatte, entzog man später auch dem Menschen.

1 Shlomo Avineri, „A Note on Hegel's View on Jewish Emancipation", in: *Jewish Social Studies*, 25, 1963, S. 148–151.
2 F. W. Carové, *Ueber Emanzipation der Juden. Philosophie des Judenthums und Jüdische Reformprojekte zu Berlin und Frankfurt a. M.*, Siegen und Wiesbaden 1845, S. 160.
3 Zu Mendelssohn siehe Alexander Altmann, *Moses Mendelssohn. A Biographical Study*, University of Alabama 1973; Michael A. Meyer, *The Origins of the Modern Jew. Jewish Identity and European Culture in Germany, 1749–1824*, Detroit 1967, S. 11–56.
4 Eine detaillierte Darstellung findet sich bei Michael A. Meyer, *Response to Modernity. A History of the Reform Movement in Judaism*, New York und Oxford 1988.
5 Predigten. Gehalten in der neuen Israelitischen Synagoge zu Berlin, Berlin 1823, S. VII, Anm.
6 *Sulamith, eine Zeitschrift zur Beförderung der Kultur und Humanität unter den Israeliten*, 3/1, 1810, S. 348.
7 *Etwas zur Charakteristick der Juden*, Leipzig 1793, S. 51.
8 Immanuel Kant, „Der Streit der Facultäten", in: *Sämmtliche Werke*, Bd. X, Leipzig 1838, S. 308.
9 *Sulamith*, 1/2, 1807, S. 149.
10 „Das Judenthum unserer Zeit und die Bestrebungen in ihm", in: *Wissenschaftliche Zeitschrift für jüdische Theologie*, 1, 1835, S. 8.
11 *Das Ceremonialgesetz im Messiasreich*, Schwerin 1845, S. 122f.
12 *Zweiter Bericht der Genossenschaft für Reform im Judenthum*, Berlin 1846, S. 9.
13 Predigten, gehalten im Tempel der Genossenschaft für Reform im Judenthume zu Berlin, Leipzig 1847, S. 18.
14 *Ueber die bürgerliche Verbesserung der Juden*, I, Berlin und Stettin 1781, S. 143f.
15 *Die Judenfrage*, Nürnberg 1843, S. 46f.
16 *Die Juden unserer Zeit*, Regensburg 1842, S. V–VI.
17 *Der christliche Staat und sein Verhältnis zu Deismus und Judenthum*, Berlin 1847, S. 55.
18 *Das Judenthum und der Staat*, Berlin 1857, S. 37f.
19 „Die protestantische Kirchenzeitung und der Fortschritt im Judenthume", in: *Jüdische Zeitschrift für Wissenschaft und Leben*, 2, 1863, S. 81.
20 *Das moderne Judenthum in Deutschland, besonders in Berlin. Zwei Reden in der christlich-socialen Arbeiterpartei*, Berlin 1830, S. 5f.
21 Ebd., S. 18.
22 *Das religiöse Bewußtsein der Menschheit im Stufengang seiner Entwickelung*, Berlin 1882, S. 537f.
23 *Die Aufgabe der theologischen Facultäten und die allgemeine Religionsgeschichte*, Gießen 1901, S. 11.

Shulamit Volkov

Juden und Judentum im Zeitalter der Emanzipation
Einheit und Vielfalt

I

Bei Ausbruch des Ersten Weltkrieges bekam die Identifikation mit der nationalen Sache, sei es die deutsche, französische, britische oder gar russische, überall in Europa die Oberhand. Nur allzu bekannt sind die Abwendung der Sozialdemokratie von ihrem Internationalismus und die patriotische Antwort ihrer Führung auf den Ruf nach nationalem Stolz und Einheit. Nationalismus, als exklusiver Bezugspunkt persönlicher Identifikation, brachte ebenfalls die Frauenbewegung zu einem Stillstand. Der Burgfrieden in Deutschland milderte, gleichwohl für nur kurze Zeit, einen ganzen Bereich sozio-politischer Spannungen innerhalb des Kaiserreiches, und die deutschen Juden stimmten in das patriotische Hurra mit einem ausdrücklichen Gefühl der Erleichterung ein. Zusammen mit anderen nur teilweise emanzipierten Gruppen der Gesellschaft hatten sie das Gefühl, sie könnten nun endlich ihr wahres Wesen, ihre absolute Loyalität für die deutsche Sache, ihre lange gefühlte, aber so oft in Frage gestellte Zugehörigkeit zur Nation beweisen. Während der langen Tage und Nächte in den Schützengräben bildeten Deutsche aller Klassen scheinbar einen unzerbrechbaren Bund der Kameradschaft. Die Tatsache, daß Proletarier gegen Proletarier und Juden gegen Juden in diesem blutigsten aller bisher geführten Kriege gegeneinander kämpften, verlor an Schärfe. Das europäische Judentum schien unwiderruflich geteilt in Juden verschiedener Nationalitäten: deutsche, französische oder britische, belgische oder italienische, polnische oder russische. Die sagenhafte Einheit des Judentums schien für immer zerstört.

Aber um diese Einheit stand es schon früher nicht zum besten. Seit dem späten 19. Jahrhundert und innerhalb jeder nationalen Gemeinschaft in Europa teilten sich die Juden entlang verschiedenen Linien, die einander auf verwirrende Art und Weise deckten und kreuzten. Die jüdische Welt Deutschlands war zum Bersten voll mit Organisationen und Vereinigungen, lokalen und landesweiten, religiösen und säkularen, nationalen und internationalen. Der Centralverein deutscher Staatsbürger jüdischen Glaubens (CV) war eifrig damit beschäftigt, seine erzieherisch-propagandistische Arbeit und die Projekte seiner Antidiffamierungsabteilung auszuführen. Parallel dazu, zunehmend in Konkurrenz und wiederholt im Konflikt mit ihm, führte die Zionistische Vereinigung für Deutschland (ZVfD) eine aggressive Rekrutierungskampagne durch, radikalisierte ihre Ideologie und baute ihre Stellung, sowohl innerhalb der lokalen Gemeinden als auch als Teil der Zionistischen Weltorganisation, kontinuierlich aus.

Auch anderswo stand es nicht besser um die Einheit. Die Alliance Israélite Universelle in Frankreich, dem landesweiten hierarchischen Consistoire übergeordnet, versuchte weltweite Sozialhilfe und Bildungsprogramme für die jüdischen Armen und Unemanzipierten zu organisieren, aber hinter der Fassade der Wohltätigkeit verbarg sich wohl eher der der Organisation eigene Glaube an die Überlegenheit französischer Moral und Kultur. Eine weitere Abspaltung innerhalb des Judentums wurde um 1912 durch eine neue, weltweite Organisation, die Agudat Ysrael, artikuliert: diejenige zwischen Liberalen oder Reformjuden auf der einen und den Orthodoxen auf der anderen Seite. Sie vertrat die letzteren sowohl in Ost- als auch in Westeuropa und tat dies mit außerordentlicher Tatkraft und Radikalismus. Weiter im Osten reflektierte die als Bund bekannte Partei der Jüdischen Arbeiter Rußlands die Intensivierung des gesellschaftlichen Klassenkonflikts innerhalb des Judentums. Trotz der durch die Zionisten ausgeübten Konkurrenz wuchs die Partei rasch an, und es gelang ihr, zusätzlich zu ihren rein politischen und revolutionären Aktivitäten, ihre einzigartige jüdische Gewerkschaftsbewegung, ihr eigenes Bildungswerk und ihr System der Sozialhilfe auszubauen.

All diese Beispiele bilden nur eine lückenhafte und willkürlich ausgewählte Liste. Durch die Auflösung in zahlreiche Gruppen und Untergruppen, das Auseinanderfallen in nationale Elemente, konkurrierende Organisationen und eine Vielheit von religiösen Ausrichtungen schien das Judentum nun gespalten und geteilt, eine Arena für interne Konflikte und gegenseitige Ausschließung. Objektiv wie auch subjektiv gesehen hatte man den Eindruck, daß die jahrhundertalte Einheit des Judentums das Zeitalter der Emanzipation nicht überlebte.

Die Richtigkeit dieser Schilderung ist von zwei Annahmen abhängig: a) daß das Judentum vor der Emanzipation in der Tat eine einheitliche Körperschaft darstellte, und b), daß mit der Emanzipation die desintegrativen Kräfte innerhalb des Judentums sich wirklich als stärker erwiesen als die kohäsiven. Diese beiden Fragen sind mitnichten nebensächlich. Während des ganzen 20. Jahrhunderts stehen sie im Mittelpunkt der Auseinandersetzung über das Wesen des Judentums. National orientierte Historiker heben in ihrem Geschichtsbild konsequent das Primat der Einheit hervor. Demgegenüber betonen die sogenannten liberalen Historiker Verschiedenheit und Vielfalt. Dem exklusiven Identitätsanspruch des Zionismus ziehen sie einen Internationalismus oder sogar ein nationales Engagement für das jeweilige Land vor. Für Zionisten ist die jüdische Geschichte ohne die Grundvoraussetzung einer nationalen Einheit reine Heuchelei. Für Liberale ist die Version einer „natürlichen" Einheit oft nicht mehr als eine mit Ideologie offen und roh versetzte Erfindung.

In einem vor kurzem veröffentlichten Buch ist der britische Historiker Eric J. Hobsbawm der Ansicht, ein Zionist zu sein sei „nicht vereinbar mit dem Schreiben einer seriösen Geschichte der Juden, es sei denn", fügte er an, „der Historiker läßt seine (oder die Historikerin läßt ihre) Überzeugungen hinter sich zurück, wenn er (sie) die Bibliothek oder das Studierzimmer betritt".[1] Obwohl ich nicht fähiger bin als Hobsbawm selber, meine Ideologie abzulegen, wenn ich die Bibliothek oder das Studierzimmer betrete, habe ich nicht die Absicht, das Feld zu räumen. Die Dynamik der Differenzierung, welche die Spannung zwischen Einheit und Pluralismus im Judentum zu einem der Hauptthemen seiner modernen Geschichte machten, möchte ich im folgenden untersuchen und die Dialektik, welche – trotz der Sicherheit der Ideologen – bis jetzt noch nicht aufgehoben wurde, vor Ihnen offenlegen.

II

Ich möchte zu Beginn die Annahme einer bestehenden jüdischen Einheit vor der Emanzipation bestätigen. Historiker aller Richtungen scheinen sich einig, daß während der frühen Neuzeit die Juden in den verschiedenen europäischen Ländern, zwischen Rußland, Polen, Litauen, Mähren und Ungarn im Osten und den Provinzen Elsaß-Lothringen und den Niederlanden im Westen, ein klar auszumachendes Ganzes bildeten. Aus der Feder von Yaakov Katz, einem israelischen Historiker, der vielen von Ihnen sicher durch die Übersetzung zweier seiner Bücher – das eine zur jüdischen Geschichte, das andere über Antisemitismus – bekannt ist, stammt die ausführlichste Analyse der aschkenasisch-jüdischen Gesellschaft zu dieser Zeit. Er beansprucht für sie einen inneren Zusammenhang und soziale Einzigartigkeit. Seine Aufmerksamkeit widmet er vor allem der Analyse des kulturellen Netzwerkes und der wirtschaftlichen Zwischenverbindungen, welche diese Gesellschaft auszeichneten. Vor kurzem versuchte ein anderer Historiker, die Einheit aller aschkenasischen Juden durch die noch umfassendere, generelle Einheit der europäischen Juden zu ersetzen, die sephardischen Elemente mit einschließend. Er behauptet, daß die Unterschiede ihrer Herkunft oder in liturgischen Einzelheiten während dieser Zeit nur von zweitrangiger Wichtigkeit waren. Sie seien leicht vergessen worden in Anbetracht der Kräfte intellektueller und sozialer Kohäsion innerhalb des europäischen Judentums, der kraftvollen wirtschaftlichen und finanziellen Verbindungen zwischen ihnen und ihrer gemeinsamen Identität gegenüber einer mehrheitlich feindlich gesinnten Umwelt, in welcher sie lebten.[2]

Wie immer dem auch sei, unser Verständnis der jüdischen Welt im voremanzipatorischen Europa ändert sich dadurch nicht wesentlich. Ihre grundsätzliche Einheit bleibt unumstritten. Desgleichen herrscht Übereinkunft, daß die Quelle dieser Einheit vor allem die Religion war. Nun, im Europa dieser Zeit war dies keine ausschließlich jüdische Eigenschaft. Religion war damals der wesentliche Bezugspunkt aller überregionalen Bindungen, für Christen nicht weniger als für Juden. Die Zugehörigkeit zu der einen, einzigen katholischen Kirche zum Beispiel war sicher die Quelle prämoderner Identifikation für Millionen, sowohl inner- als auch außerhalb Europas. Obwohl diese Einheit in der Liturgie immer wieder bekräftigt wurde, war sie nie nur eine Sache der Indoktrination allein. Religiöse Bindungen unter einander gänzlich Fremden wurden durch die kirchliche Hierarchie, eine typisch überregionale Struktur, durch eine Sakralsprache und geschriebene heilige Texte, durch christlichen Universalismus und den Anspruch auf absolute Wahrheit verstärkt. Sie beruhten auf dem strengen Bewußtsein der Gläubigen, daß sie ihren Glauben mit anderen Katholiken, denen sie nie begegneten oder begegnen konnten, dennoch teilten und mit ihnen zu einer zeit- und raumlosen Gemeinde gehörten.

Das Gefühl absoluter christlicher Einheit erlitt sicher einen schweren Stoß durch die Reformation, jedoch beruhte die Errichtung aller protestantischen Konfessionen und Sekten ebenfalls auf dem Prinzip einer supralokalen Gemeinschaft. In den meisten Fällen, mit besonderer Ausnahme Englands, wurden Glaubensgemeinschaften gegründet, die sich weit über die politischen Grenzen hinaus erstreckten und deren innere Beziehungen zwischen den Mitgliedern oft gestärkt wurden durch die Tatsache der Zugehörigkeit zu einer von außen befeindeten Religion. Zieht man Bilanz, so kann man sagen, daß die Kraft religiöser Identität in Europa, obwohl durch die Reformation diversifiziert, nicht maßgebend durch sie reduziert wurde.

Zur selben Zeit stärkten auch die Juden ihr Selbstbewußtsein. Ihr Gemeindewesen deckte ebenfalls einen weiten geographischen Raum und postulierte sowohl für zeitgenössische als auch für vergangene Generationen eine einzige Mitgliedschaft. Wie die Christen gründeten die Juden ihr Gefühl der Zugehörigkeit zu einer supralokalen Gemeinschaft auf die Existenz einer heiligen Sprache, deren Kenntnis nie – wie im Christentum – nur der Elite vorbehalten war, und auf eine Reihe heiliger Schriften, die Quelle jeglichen Gehorsams und aller Lehren waren. Des weiteren stützte sich die jüdische Einheit auf gemeinsame Normen und verschiedene Formen des Sich-Abgrenzens. Sie wurde in jeder Generation durch erneute Wellen des Antisemitismus und die andauernde Exklusivität der christlichen Gesellschaft von neuem gestärkt.

Wie im Christentum stand diese Einheit im Gegensatz zu den spaltenden Kräften zwischen den einzelnen Gemeinden. Schließlich war die in allen Bereichen vollständig autonome jüdische Gemeinde *(Kehilah)* die wichtigste Form innerjüdischer Organisation in Europa. Im Gegensatz zum Christentum gab es keine institutionalisierte Hierarchie, welche die verschiedenen jüdischen Gemeinden auf irgendeine formale Art untereinander verbunden hätte. Der lokale Anspruch der Überlegenheit, wie ihn zum Beispiel das rabbinische Gericht in Frankfurt am Main manchmal für sich vorbrachte, wurde von anderen Orten scharf zurückgewiesen. Trotzdem war die *Kehilah* außerhalb des Kontexts *Klal Ysraels* (des Gesamtjudentums) nicht vorstellbar. Sie war integraler Teil des größeren jüdischen Gemeindewesens. In Fällen von Naturkatastrophen und in Zeiten der Not vereinten verschiedene Gemeinden stets ihre Kräfte, und die Bildung einer gemeinsamen Front gegen gelegentlich auftauchende Häresie innerhalb der eigenen Reihen war ein überall alltäglicher Vorgang.

Doch brachten nur wenige Vorfälle die weit zerstreuten jüdischen Gemeinden wirklich zusammen, wie etwa im Falle des Widerstandes gegen die Anhänger Sabtai Zvis im 17. oder die Kontroverse um den frühen Chassidismus im 18. Jahrhundert. Solche gemeinsamen Kampagnen wurden nicht nur von Koalitionen örtlicher Honoratioren – Rabbiner und Laien – getragen, sondern auch von einer Art allgemein jüdischer Öffentlichkeit. Häufig wurden auch rabbinische Einzelentscheide, zum Beispiel über Scheidung oder zu einem Geschäftsstreit, mehr oder weniger automatisch von Rabbinern anderswo bestätigt. Zwischen den rabbinischen Kapazitäten bestand eine komplexe, dynamische Hierarchie bezüglich ihrer Gelehrsamkeit, was für ein gewisses Maß an Harmonie sorgte. Streitfälle und Uneinigkeit konnten nicht gänzlich verhindert werden, aber Einstimmigkeit war nicht unbedingt notwendig zur Erhaltung eines Gefühls der Einheit. Uneinigkeit war genauso Ausdruck einer lebendigen Beziehung zwischen den verschiedenen Gemeinden wie Einigkeit. Ihre Vorsteher waren zwar nicht immer ein Herz und eine Seele, aber sie waren natürliche Diskussionspartner innerhalb der einen, grundsätzlich vereinten jüdischen Welt.

Andere Kräfte trugen noch zur Stärkung dieser Einheit bei. Am bekanntesten sind die Wirtschaftsbeziehungen zwischen Mitgliedern verschiedener Gemeinden, und zwar armen wie reichen. Aber es gab auch weniger offensichtliche Arten der innerjüdischen Verbindungen. In Zeiten intensiver Migration zum Beispiel konnte die lokale Abschottung natürlich kaum aufrecht erhalten werden. Obwohl sich die großen Wanderungen der jüdischen Bevölkerung im Spätmittelalter west- und ostwärts während des 17. oder 18. Jahrhunderts nicht wiederholten, war eine ziemlich große jüdische Mobilität auch zu dieser Zeit nichts Außergewöhnliches.[3] Ein Großteil des jüdischen Bevölkerungszuwachses innerhalb der Grenzen des Heiligen Römischen Reiches, zwischen 1700 und 1750, hatte seinen Ursprung in der Einwanderung von Juden aus Polen, und schon damals wurden die hauptsächlich aus dem Osten kommenden Juden, sowohl von den christlichen Behörden als auch von den jüdischen Gemeinden selber, oftmals als Ärgernis empfunden. Trotzdem gelang es einer zunehmenden Zahl von ihnen, einen Schutzbrief von einem der lokalen Herrscher zu erlangen und schnell in die bestehenden Gemeinden integriert zu werden. Viele übernahmen religiöse Funktionen in ihrer neuen Heimat, und Gelehrte aus dem Osten waren in ganz Deutschland als Rabbiner gefragt. Während der zweiten Hälfte des 18. Jahrhunderts kamen alle drei Rabbiner in Frankfurt am Main aus Polen, ebenso die Rabbiner der Dreiergemeinde Hamburg-Altona-Wandsbek. Später stellten die Immigranten aus dem Osten auch einige der hervorragendsten Führer der jüdischen Aufklärung, der Haskala. Salomon Maimon ist wahrscheinlich der Bedeutendste unter ihnen, und sogar Moses Mendelssohn selber, der aus Dessau nach Berlin kam, folgte dorthin seinem Lehrmeister, einem aus der polnischen Stadt Zamosc stammenden *Maskil*. Dieser intensive Austausch von Personen war Ausdruck einer selbstverständlichen gemeinsamen jüdischen Identität zu dieser Zeit, des Wissens aller Juden um gleiche Interessen und ihres Gefühls der Einheit.

All dies wurde noch betont durch die Existenz eines europäischen Netzes von *Yeshivot* (Talmudschulen). Während der Unterhalt einer Elementarschule, des *Cheder,* Angelegenheit der Lokalgemeinde war, bildete die *Yeshiva,* als höhere Lehranstalt, eine suprakommunale Institution. Heranwachsende jüdische Knaben, nicht nur die besonders begabten oder besonders reichen, wurden normalerweise von zu Hause weggeschickt, damit sie zu Füßen eines berühmten rabbinischen Gelehrten an einer der europäischen *Yeshivot* lernten. Solche Institutionen wurden des öfteren von mehreren Nachbargemeinden gemeinsam finanziert, und dieser Umstand stellte oft eine Konfliktquelle zwischen ihnen dar. Trotzdem leistete die *Yeshiva* in Sachen jüdischer Einheit gute Dienste. Sowohl ihre institutionelle Struktur als auch ihr Einfluß auf das Leben von Generationen jüdischer Jugendlicher, die auf der Suche nach guter Ausbildung zwischen den verschiedenen Gemeinden herumzogen, stärkten die überregionalen Verbindungen im Judentum und das Gefühl der Zusammengehörigkeit.

Während der zweiten Hälfte des 18. Jahrhunderts begannen jedoch die alten Verbindungen einiges von ihrer Kraft und Bedeutung zu verlieren. Vor allem schwand in diesem Zeitalter das Primat religiöser Zugehörigkeit. Andere Arten von Gemeinschaften warben um die treue Ergebenheit der Europäer. Mit der Bildung zentralisierter, absolutistischer, manchmal aufgeklärter Monarchien und der langsamen Entstehung des Nationalismus bauten sich neue Ziele der Loyalität und Identifikation auf, die in ihren Ansprüchen ebenso exklusiv waren wie ehedem die Religion. Im Judentum nahm der Zerfall religiöser Autorität seinen eigenen Weg, geschah aber zeitlich parallel zu demjenigen im Christentum. Das Entstehen alternativer Bezugspunkte jedoch: des Zentralstaates, der Nation und schließlich des allmächtigen

Nationalstaates, fand außerhalb der jüdischen Welt statt und war nie richtig relevant für sie. Das Resultat war eine komplexe, dialektische Entwicklung: auf der einen Seite hundert Jahre interner Differenzierung, die am Ende die jüdische Einheit als solche zerstörte, und auf der anderen Seite die langfristige Anstrengung, diese vergangene Einheit doch noch zu retten – sie mit einem modernen Gewand zu versehen. Diesen dialektischen Prozeß möchte ich jetzt im weiteren beschreiben.

III

Religiöse Differenzierung war im vormodernen Judentum nicht unbekannt. Zwischen sephardischen und askenasischen Traditionen bestanden, wie auch innerhalb dieser beiden selbst, klare Unterschiede, vor allem im Bereich der Erziehung und der Liturgie. Berühmt war die heftig geführte Auseinandersetzung zwischen dem gefeierten jüdischen Gelehrten Yaakov Emden und dem Gemeinderabbiner von Altona, Jonathan Eybeschütz, über den Sabbatianismus. Auch diese wurde – trotz ihrer Vehemenz – innerhalb eines einzigen, vereinten Judentums ausgefochten. Desgleichen die verschiedenen Kontroversen, die durch Moses Mendelssohns unorthodoxe Einstellung zu einer Anzahl entscheidender Themen hervorgerufen wurden.

Mendelssohns Fall ist wie immer besonders belehrend. Er fand sich selber von Anfang an im Konflikt mit den etablierten rabbinischen Autoritäten. In der heiß diskutierten Frage, wie viele Tage genau zwischen Tod und Begräbnis einer Person liegen müßten, entschied er sich für die Seite der weltlichen Autoritäten und gegen den damaligen jüdischen Brauch. Seine Übersetzung des Pentateuch, und insbesondere die dazu publizierten Kommentare, stießen unter einigen der berühmtesten Rabbiner seiner Zeit auf scharfe Ablehnung. Aber die moderne Geschichtsschreibung hat überzeugend dargelegt, daß all dies nie zu einem offenen Bruch zwischen Mendelssohn und der zeitgenössischen rabbinischen Führerschaft führte.[4] Mendelssohn selber bestand immer darauf, daß seine Ausführungen auf jüdischen Quellen beruhten, und ließ nie zu, daß sich eine Kluft zwischen seiner „aufgeklärten" Position und dem traditionellen Judentum auftat. Obwohl er immer zurückwies, was ihm als übermäßige Macht der Rabbiner schien, pflegte er engen persönlichen Kontakt mit zahlreichen rabbinischen Autoritäten seiner Zeit und wurde seinerseits durch einige von ihnen hoch respektiert. Erst während der Folgegeneration begannen wirkliche Splitterungen religiöser Natur die jüdische Einheit zu bedrohen.

Die radikale Kritik am Judentum, der sich Mendelssohn prinzipiell noch versagte, wurde jedoch später zur möglichen Basis der Abtrünnigkeit. Leute wie Mendelssohns Zeitgenosse Salomon Maimon oder sein Schüler David Friedländer waren letztendlich bereit, zum Christentum zu konvertieren. Tatsächlich mag die hohe Konversionsrate unter den Juden Ende des 18. Jahrhunderts – vor allem in Berlin – ein Indikator der Gefahr gewesen sein, die das Judentum zu dieser Zeit bedrohte. Jedoch war dieses radikale Verhalten noch während einiger kommenden Jahrzehnte beschränkt auf eine kleine jüdische Elite in ein paar Hauptstädten, und die rabbinische Führung konnte noch immer auf die stille oder auch nicht so stille Mehrheit hinter ihr vertrauen. Bis zu diesem Zeitpunkt wurde noch kein richtiger Kampf ausgetragen.

Die liberalen Juden jener Zeit handelten auch nicht als Revolutionäre. Normalerweise waren sie mehr als vorsichtig, um die Gegnerschaft der kommunalen Führung nicht auf sich zu ziehen, und in Preußen waren sie auch noch durch die feindselige Haltung der nichtjüdischen Administration zur Vorsicht gemahnt. 1823 wurde der im eleganten Haus Jacob Herz Beers gelegene und von jungen Predigern und Schülern frequentierte, provisorische Reformtempel durch offiziellen Erlaß geschlossen. In Breslau gelang es nur durch konziliantes Vorgehen seitens der Liberalen, den orthodoxen und offiziellen Widerstand zu überwinden und eine duale Gemeindestruktur aufzubauen, die allerseits anerkannt wurde. Fast überall in Deutschland konnte man sich noch bis gut ins 19. Jahrhundert hinein auf den grundsätzlichen Konservatismus der meisten Juden verlassen, die sich nicht sehr wohlfühlten mit dem Eifer der Reformer, ihren erzieherischen

Neuigkeiten und ihrer offenen Vernachlässigung überkommener Bräuche.

Eine resolute Antwort auf die Herausforderung der Reformjuden kam nur von einigen wenigen, individuellen Rabbinern, vor allem von Moshe Sopher aus Preßburg, bekannt als Chatam Sopher, der allein versuchte, eine kraftvolle Gegenoffensive zu führen. Unter dem Motto „Das Neue ist überall von der Torah untersagt", versuchte er eine orthodoxe Extremposition zu definieren. Orthodoxe Rabbiner verwarfen 1819 das reformierte Gebetbuch des neugegründeten Tempelvereins in Hamburg in ihrem „Eleh Divrei Ha'brit" („So lauten die Worte des Bundes") und wiesen alle liturgischen Änderungen zurück: den Gebrauch des Deutschen in der Synagoge und jede andere Neuinterpretation der jüdisch-messianischen Tradition.

Für die meisten Traditionalisten bogen die liberalen Juden in eine Einbahnstraße Richtung Konversion ein.[5] Die Übertretung rabbinischer Gesetze als gleichbedeutend mit Häresie betrachtend, war Chatam Sopher dazu bereit, Reformjuden zu bannen, und sah in ihnen auf jeden Fall „religionslose Personen". Eine Anzahl anderer Rabbiner untersagte die Heirat zwischen orthodoxen und nichtorthodoxen Juden, verbot Hausbesuche bei Reformjuden und verurteilte sogar das Trauern in deren Todesfall. Salomon Eger aus Posen drängte Rabbi Jacob Ettlinger in Altona schriftlich, die Reformjuden von der Gesamtheit der jüdischen Gemeinde auszuschließen, „da diese in keiner Weise als zum Volk Israel gehörend zu betrachten seien", und der angesehene Rabbiner aus Halberstadt hielt sie für „den Heiden gleich".

Nicht alle teilten diese extremen Ansichten. Einige Rabbiner nahmen einen ambivalenteren Standpunkt ein. Sie lehnten zwar jegliche Änderung religiösen Inhalts strikt ab, akzeptierten aber die liberalen Juden als Partner im Kampf gegen Antisemitismus oder in Angelegenheiten der jüdischen Wohltätigkeit und Sozialarbeit. So war zum Beispiel Ezriel Hildesheimer, der spätere Vorsteher des orthodoxen Rabbinerseminars in Berlin, bereit, Zacharias Frankel, seinen Gegenspieler im Breslauer Theologischen Seminar, als *Meshumad*, Abtrünnigen, zu bezeichnen. Derselbe Hildesheimer aber war aktives Mitglied der Alliance

Israélite Universelle, die vom ausgeprägt unorthodoxen Adolphe Crémieux geleitet wurde, einem Mann, der seinen Kindern erlaubte, sich öffentlich taufen zu lassen. Eigentlich waren es nicht die Orthodoxen, sondern die sogenannten Neo-Orthodoxen, die oft auf einer absoluten Trennung zwischen gesetzestreuen und nichtgesetzestreuen Juden bestanden. Als der lautstärkste Sezessionist stellte sich das geistige Oberhaupt der Israelitischen Religionsgemeinschaft in Frankfurt am Main, Samson Raphael Hirsch, heraus. Es gelang ihm mit der Zeit, die Kooperation seiner Anhängerschaft zugunsten einer Abspaltung zu gewinnen, und sobald die gesetzlichen Rahmenbedingungen durch das preußische Gesetz von 1876 geschaffen waren, brachte er es zur nie wieder gutzumachenden Spaltung der altehrwürdigen Gemeinde zu Frankfurt.[6]

In der zweiten Hälfte des Jahrhunderts war es auf jeden Fall nicht mehr möglich, alle liberalen Juden als Abtrünnige zu behandeln, und die Tatsache religiöser Unterschiede mußte allmählich akzeptiert werden. Die Einheit konnte weder durch das Aufzwingen althergebrachter rabbinischer Disziplin noch durch den Ausschluß häretischer Elemente wiederhergestellt werden. Mehr noch: der Austrittsdisput unterstrich Differenzen innerhalb der Orthodoxie selber, und in der zweiten Hälfte des 19. Jahrhunderts war das Bild der religiösen Uneinheit im Judentum nur noch schärfer, ja unübersehbar. Die Liberalen unterschieden sich in mehr oder weniger radikale Reformjuden, und die Orthodoxie spaltete sich in die neue und die alte. Und während sich diese Spaltungen ausweiteten auf andere europäische Länder und auch in Amerika tiefe Wirkung hatten, nahmen andere Arten innerer Zersplitterung an Wichtigkeit zu, die bestehende jüdische Szene Deutschlands komplizierend und verwirrend.

IV

Eine wichtige Grundlage jüdischer Solidarität während der frühen Moderne war die beinahe homogene soziale und berufliche Zusammensetzung der Gemeinden. Sicher gab es immer Juden, denen es gelang, die höchste Stufe der ökonomischen Leiter zu erklimmen. Aber in den wenigen Fällen, wo diese Leute gleichwohl ihre angestammte Gemeinde nicht verließen, zeichnete sie ihr außergewöhnlicher Reichtum aus, und nur ihr Status als Beschützer der Armen und Vermittler bei den Behörden minderte die innerjüdische Klassenfeindschaft gegen sie. Erst mit dem 19. Jahrhundert setzte, durch die gleichzeitige Wirkung der Industrialisierung und der Emanzipation, auch unter den Juden eine klarere soziale Differenzierung ein. Die vieldiskutierte „Produktivierung" – der Eintritt von Juden in bäuerliche und Handwerksberufe – trug nicht viel zur Veränderung der Situation bei, da sich die Juden bis gut ins 20. Jahrhundert weiterhin auf die Finanz- und Handelswirtschaft konzentrierten. Doch mit dem Einsetzen einer allgemeinen sozialwirtschaftlichen Aufwärtsmobilität wurde eine zunehmende Berufsdiversifikation auch unter ihnen unvermeidbar. Etwa drei Viertel aller Juden Deutschlands waren während des späten 18. Jahrhunderts noch um einiges unter dem Standard des Bürgertums; etwa drei Viertel von ihnen gehörten im 19. klar dazu.[7] Wie auch die deutsche Bourgeoisie begannen die Juden sich auf den durch Besitz und Bildung definierten Linien zu trennen, und die Vermögenden waren nicht länger eine unbedeutend kleine Minorität. Die Mittelschicht unterschied sich mit der Zeit immer mehr nach den modernen sozialen und ökonomischen Kriterien. Stadt- und Landjuden entwickelten wie die Stadt- und Landchristen unterschiedliche Lebenshaltungen und eine auseinandergehende kulturelle Orientierung. Sie wurden nicht mehr durch die strikten Gesetze religiösen Gehorsams zusammengehalten, und die soziale Schichtung der Juden war nicht länger der religiösen Hierarchie oder Vorstellungen der traditionellen Gelehrsamkeit, des Prestiges und des Status untergeordnet.

Die fortdauernde Immigration von Juden aus Osteuropa trug

noch zur Verstärkung dieses Prozesses bei. Osteuropäische Juden waren normalerweise in ihrem Verhalten traditioneller als die deutschen Juden: Ihre weltliche Erziehung – von einer guten deutschen Bildung ist schon gar nicht die Rede – war oftmals vermutlich unzureichend. Aber von noch größerer Bedeutung war ihre typische Armut. Seit 1880 waren unter den Neuimmigranten auch viele Studenten, eine große Gruppe Handwerker und eine beträchtliche Zahl von Lohnarbeitern. Sie diversifizierten die Beschäftigungsstruktur der Juden in Deutschland,[8] und obwohl die soziale Trennungslinie unter den Juden auf keine Art und Weise identisch war mit derjenigen zwischen Einheimischen und „Ostjuden", wurden diese Unterscheidungen des öfteren als untereinander austauschbar verstanden. Klassenkonflikte innerhalb des Judentums versteckten sich hinter einer Fassade kultureller Unterschiede, und unter deutschen Juden hatte man oft das Gefühl, daß die Juden aus dem Osten nicht nur die soziale Homogenität des Judentums zerstörten. Durch den Umstand, daß sie manchmal eine andere Sprache oder einen anderen Dialekt sprachen und sich anders kleideten und verhielten, ließen die Neuankömmlinge aus dem Osten das von den deutschen Juden verdrängte Bild des unemanzipierten Gettojuden wieder auferstehen. Mit ihrem Festhalten an einer jüdischen Solidarität brachten sie auch das alte Konzept jüdischer Einheit zurück, aber gerade dieses wurde zu dieser Zeit von einem immer größeren Teil der deutschen Juden für irrelevant gehalten.

Tatsächlich war es diese Abneigung gegenüber den Immigranten aus dem Osten, welche Ende des 19. Jahrhunderts die Haltung in bezug auf sowohl alte als auch neue Auffassungen jüdischer Einheit am besten widerspiegelte. Die den deutschen Juden wertvollste Einheit war nun nicht mehr jene auf der alten, exklusiven jüdischen Identität beruhende, sondern eher diejenige ihrer neubegründeten und hochgeschätzten Identität als Deutsche. Für die Juden in Deutschland bot der Nationalismus ein neues, gemeinsames Gefühl der Zugehörigkeit und verhalf ihnen zur Milderung interner Spannungen religiösen und kulturellen Ursprungs. Er vereinte die zerstrittenen Segmente der deutschen Juden bald auf eine gänzlich neue Art und Weise. Der Kaiser, die

Armee und vor allem die deutsche Kultur wurden von Juden aller Orientierungen als höchste Werte akzeptiert. Nicht nur Reformjuden aller Schattierungen, sondern auch Orthodoxe sämtlicher Farben verstanden sich als integraler Bestandteil der deutschen Nation. Liberale und Zionisten deklarierten ihren Patriotismus. Eine neue Einheit schien die alte, zertrümmerte zu ersetzen.

Der deutsche Nationalismus nahm gegenüber Lokalpatriotismus und Staatspartikularismus zur selben Zeit Form an wie Gleichberechtigung und Anfänge der Sozialintegration der Juden. Diejenigen unter ihnen, die ihre alten religiösen Beziehungen abgebrochen hatten und sich der deutschen Gesellschaft anpassen wollten, fanden es auch nötig, die entsprechende Geisteshaltung einzunehmen. Die jüdische Bildungselite versuchte durch nichts von ihrer deutschen Gegenseite unterscheidbar zu sein, in ihrem Nationalenthusiasmus so wenig wie in ihrer vollkommenen Bildung, in ihrer ausgesprochenen Hingabe an den deutschen Nationalstaat so wenig wie in ihrem erwiesenen Wohlbefinden in der deutschen Hochkultur. Alles in allem waren die Kräfte der liberalen Juden seit dem frühen 19. Jahrhundert nicht nur auf die Modernisierung jüdischer Religionspraxis und die Restrukturierung der Hierarchie innerhalb der Gemeinde ausgerichtet; vielmehr gehörte die Formulierung einer zeitgemäßen jüdischen Religion, die dem Wesen des freien, emanzipierten deutschen Bürgers sogenannter „mosaischer Religion" angepaßt war, ebenfalls zu ihrem Programm. Für sie schloß die Übernahme des deutschen Nationalismus jegliches Beibehalten von Formen jüdischen Nationaldenkens und der Solidarität aus.

Abraham Geigers Sichfernhalten von der Lage der „Juden im Nahen Osten" zur Zeit der Damaskusaffäre im Jahre 1840 ist ein bekanntes Beispiel dafür. Dies wird vielfach zusammen mit einigen seiner späteren Aussagen zitiert, wie derjenigen, in der er Jerusalem nur noch als eine „ehrwürdige Erinnerung aus der Vergangenheit" bezeichnet.[9] Beziehungen mit Juden außerhalb der deutschen Grenzen wurden für Reformjuden im besten Fall zu einer Angelegenheit humanitärer Solidarität, und im schlechtesten zu einem rein paternalistischen Vorgang. Die Zugehörigkeit zu Deutschland mit Leib und Seele wurde in dieser Zeit für viel wichtiger gehalten.

Aber schon zur Zeit der Revolution von 1848 konnte die Attraktivität des deutschen Nationalismus für *alle* jüdischen Kreise nicht länger bezweifelt werden. Der Enthusiasmus eines großen Teils der Liberalen mag zwar besser dokumentiert sein, aber die Identifikation der Orthodoxen zu jener Zeit mit den Interessen der Nation war nicht weniger auffallend. Selbst Rabbi Ettlinger in Altona schien den Enthusiasmus zu teilen, und in Bayern wandte sich der Distriktrabbiner Grünbaum aus Ansbach in einem Rundschreiben an die Gemeinden unter seiner Obhut, indem er erklärte: „Die Wahlen für Abgeordnete zum teutschen Parlament sind für unser ganzes teutsches Vaterland die wichtigste Handlung welche je vorgenommen worden ist", und die Teilnahme an diesen Wahlen zur „heiligen religiösen Pflicht" machte.[10]

Der deutsche Nationalismus blieb ein stark vereinendes Band unter den deutschen Juden, auch über seine erste, liberale Phase hinaus. Sich vom Rückschlag durch den einsetzenden politischen Antisemitismus in den späten siebziger Jahren des 19. Jahrhunderts erholend, gaben sich die deutschen Juden nicht weniger unermüdlich ihrer Sache hin. Das Trauma wurde abgeschüttelt, und das Verfallen von Loyalitäten wurde nicht zugelassen. Charakteristisch dafür war der Centralverein, der im März 1893 initiiert wurde. Seine Errichtung war zweifelsohne eine Reaktion auf erneute Feindlichkeit und viele Enttäuschungen der Vergangenheit, aber es wurde trotzdem für nötig befunden, sich des deutschen Nationalismus seiner Mitglieder offen und eindeutig in der ursprünglichen Programmerklärung zu versichern. „Unsere Gemeinschaft mit den Juden anderer Länder", so fühlte er sich genötigt klarzustellen, „ist keine andere als die Gemeinschaft der Katholiken und Protestanten Deutschlands mit den Katholiken und Protestanten anderer Länder."[11] Der Verein bestand auf einem Minimum an jüdischer Solidarität und war normalerweise in keine jüdische Angelegenheit außerhalb der Grenzen Deutschlands verwickelt. Er war per Definition eine deutsche Institution. Aber auch außerhalb seiner Kreise waren die Juden in Deutschland im allgemeinen unbeirrbar in ihren patriotischen Bemühungen. Ihr deutscher Nationalismus schien die Bande allumfassender jüdischer Identität unwiederbringbar zerstört und mit einer betont deutschen ersetzt zu haben. Dies war zwar eine ganz andere Art der Einheit, aber für die Betroffenen eine im Herzen gefühlte trotz alledem.

V

Es ist daher kaum überraschend, daß moderne Vorstellungen von einer anderen Art innerjüdischer Einheit in Deutschland hauptsächlich durch nichtdeutsche Juden eingeführt wurden. Am Ende des 19. Jahrhunderts schienen das jüdische Nationaldenken und dann der ausgewachsene Zionismus eine neue Differenzierung, zusätzlich zu den schon bestehenden, unter den Juden hinzuzufügen. Die große Mehrheit deutscher Juden sah auch deshalb im Zionismus eine ausgesprochene Gefahr. Als die Zionisten ihren ersten Weltkongreß 1896 in München planten, glückte es einer gemeinsamen Opposition Orthodoxer und Liberaler, dies zu verhindern. Die Orthodoxen verabscheuten die messianischen Vorstellungen dieser neuen Bewegung und deren Bruch mit der traditionellen Philantropie des Diaspora-Judentums, und die Liberalen sahen in der ganzen neuen Utopie einen armseligen Ersatz für ihre universale, humanistische Vision. Die Assimilierten, die mehr oder weniger säkulare Mehrheit deutscher Juden, erblickten im Zionismus einen Verrat am Traum der Emanzipation, einen unehrenhaften Rückzug von ihrem jahrzehntealten Kampf für Gleichberechtigung und Integration.

Tatsächlich versuchten die Zionisten am Anfang, den Juden eine neue, moderne nationale Identität aufzubauen, ohne den lokalen Loyalitäten und vor allem ohne einer Art deutschem Nationalismus entgegenzuwirken. Sie fanden auch Wege der Kooperation mit den Liberalen im Kampf gegen den Antisemitismus und in gemeindeinternen Angelegenheiten. Aber diese Anstrengungen überdauerten kaum die erste Aktivistengeneration der Bewegung. Kurz vor dem Ersten Weltkrieg wurde es ziemlich offenbar, daß der Zionismus nicht weniger exklusiv als andere europäische Nationalismen sein konnte. Tatsächlich gab es seit den Tagen orthodoxer Überlegenheit keinen Trend im Judentum mehr, der einen solch absoluten Anspruch auf Einheit und einen so exklusiven Ruf nach Loyalität erhob. Eine kleine Minderheit unter den Juden überall, Zionisten und andere Jüdisch-Nationale, argumentierten für eine neue Art absoluter jüdischer Einheit, für eine neue nationale Identität, die sich über alle politischen Grenzen und sozialen oder kulturellen Unterschiede hinwegsetzte. Sie beharrten auf dieser Einheit trotz aller religiösen Zersplitterungen und glaubten an deren überzeugende Wirkung sogar auf die radikalsten aller Assimilanten.

Die zionistische Taktik der zweiten Generation wurde daher zusehends unkooperativer. Es wurde nun von allen Mitgliedern verlangt, daß sie sich für die Sache Palästinas persönlich einsetzten und sich offen zu ihrer Entfremdung von Deutschland, seiner Politik und Kultur bekannten. Dies war des Guten zuviel für den CV. Seine Führer beeilten sich, sich von all denjenigen nachdrücklich zu distanzieren, die ihr deutsches „Nationalgefühl" verneinten und die sich vermessen „als Gäste im fremden Wirtsvolk" verstanden. Die Feindschaft zwischen den beiden Lagern nahm neue Ausmaße an. Trotz der Schnelligkeit, mit der die Zionisten ihren deutschen Patriotismus im August 1914 verkündeten, tendierten sie – mindestens verbal – während der Nachkriegsjahre wiederum dazu, sich von allen innerdeutschen Fragen fernzuhalten, und eine gewisse Entfremdung zwischen ihnen und dem Rest der deutschen Juden dauerte daher bis in die nationalsozialistische Zeit hinein.

Das Bild der Zersplitterung scheint nun vollständig. Am Vorabend des Ersten Weltkrieges war das Judentum entlang religiösen, sozio-ökonomischen, kulturellen und ideologischen Linien geteilt. Dieser Umstand machte indessen nur wenige der jüdischen Zeitgenossen besorgt; die Mehrheit beschäftigte sich hingegen mit anderen Themen. Orthodoxe dachten, daß die Reformer das Judentum zerstörten; Reformjuden beklagten die Sturheit und Härte der Traditionellen; Zionisten bekämpften diejenigen, die sie Assimilationisten nannten; liberale Juden waren erschreckt durch den offenen Separatismus der verschiedenen Formen jüdischen Nationalismus. Leider fahren auch viel zu viele Historiker aller Überzeugungen damit fort, auf diesen, und praktisch nur auf diesen Umständen aufzubauen.

Zum Abschluß möchte ich daher heute abend die beiden folgenden Thesen vortragen: a) Der Prozeß der Differenzierung im Judentum war, mindestens bis zum Ersten Weltkrieg, ein zentrales Phänomen der modernen jüdischen Geschichte; und b) wenn wir diesen Prozeß als ein kohärentes Phänomen betrachten, sind wir imstande, eine neue Art der Einheit in dieser Geschichte offenzulegen; eine Einheit, die uns sogar die Hintergründe dieser Uneinigkeit erklären kann. In einer früheren Vorlesung hier in München habe ich die Meinung vertreten, daß die deutschen Juden als Gesamtheit, zusammen mit Elementen des osteuropäischen Judentums, während großer Teile des 19. Jahrhunderts an der Ausarbeitung einer neuen eigenen Tradition beteiligt waren.[12] Heute abend möchte ich zu diesem Thema weitere Ausführungen machen. In dem für das moderne Judentum charakteristischen Sektierertum, so behaupte ich, versteckt sich eine grundsätzliche Einheit; eine unerwartete Harmonie taucht hinter dem immer wieder intonierten Mißklang auf.

Alles in allem entstanden alle jüdischen Gruppierungen, der CV wie die deutschen Zionisten, Reformjuden und Orthodoxie, in Reaktion zur selben Krisensituation des Judentums. Sie alle trugen zu dem bei, was nicht nur als eine „neue Tradition", sondern auch als modernes „ethnisches Wiedererwachen" der Juden bezeichnet werden kann. Ich entleihe diesen Ausdruck einem Werk des bekannten britischen Soziologen, Anthony D. Smith. Das Judentum wird zwar in seinem 1981 erstmals veröffentlichten Werk „The Ethnic Revival" nie besonders erwähnt; das Buch liest sich aber trotzdem wie ein Text zu diesem Thema.

Das ethnische Wiedererwachen, so Smith, war in Europa seit der zweiten Hälfte des 18. Jahrhunderts hauptsächlich eine Folge des Zerfalls religiöser Autorität. Geschwächte religiöse Gemeinschaften reagierten auf diese Auflösung mit der Annahme dreier alternativer Strategien: mit einem Rückzug in ein antimodernistisches Konzept des Neotraditionalismus, mit einem Hang zur militanten Assimilation innerhalb einer größeren Mehrheit oder einer übergeordneten Kultur oder mit der Entwicklung der einen oder anderen Art von religiösem Reformismus. Die Reihenfolge, in welcher diese drei Alternativen sich manifestiert haben, variierte möglicherweise, aber in jedem Fall haben sie, jede auf ihre Art, zur Entstehung eines neuen ethnischen Nationalismus beigetragen.

Mit dem Niedergang religiöser Autorität im Judentum war es wirklich der hier früher beschriebene Prozeß der Differenzierung, der zuerst zur Entstehung der reformistischen und danach der assimilatorischen Trends beitrug. Mit einiger Verzögerung verhalf er sogar zum Aufbau neotraditionalistischer Bestrebungen. Für die Geschichte des neuen jüdischen Ethno-Nationalismus wie auch für die parallel dazu ablaufenden Entwicklungen anderswo hat sich die assimilatorische Linie, überraschenderweise vielleicht, als die relevanteste entpuppt. Erinnern wir uns daran, daß Zionisten besonders in Westeuropa aus traditionstreuen Familien stammten. Es waren normalerweise enttäuschte Assimilanten, die jetzt zum Judentum zurückkehrten, ohne – wohlgemerkt – ihre humanistische, kosmopolitische Weltanschauung aufzugeben. Nun wünschten sie ihre nationale Utopie mit den Idealen des Liberalismus und der Aufklärung zu versehen, indem sie diese vom europäischen, und in unserem speziellen Fall deutschen, Boden in den Kontext ihrer eigenen, wiederentdeckten nationalen Gemeinschaft übertrugen.

Dies sollte uns nicht allzu sonderbar erscheinen, wurde doch der parallel dazu verlaufende Prozeß unter den deutschen Intellektuellen schon oft genug analysiert. Friedrich Meineckes klassisches Buch über die ideologischen und politischen Beziehungen zwischen deutschem Weltbürgertum und Nationalstaat ist nur eines unter vielen. Was normalerweise außer acht gelassen wird, ist die Wiederholung dieser deutschen *via dolorosa* durch die Juden. Diese hingen in der Tat dem aufklärerischen Universalismus länger an, zogen sich aber im späten 19. Jahrhundert ebenfalls von diesem Ideal zurück. Eigentlich kehrten damals sowohl die Mitglieder des CV als auch die Zionisten dem alten, strikt liberalen Denken den Rücken. Obwohl die Liberalen dieser Zeit ihre Aktivitäten nie in einem Kontext zum jüdischen ethnischen Wiedererwachen verstanden, waren ihre kulturellen und organisatorischen Bemühungen zweifelsohne Teil und Gut eines mannigfaltigen, bewußtseinsfördernden deutsch-jüdischen Projektes. Auch sie reagierten auf den neuen Antisemitismus und auf die offenbaren Hindernisse auf dem Weg zu voller sozialer Integration mit einer Rückwendung zum Judentum. Auch sie nahmen von der alten, emanzipatorischen Ideologie Abstand. Kein Wunder, daß die Standhaftesten unter den Liberalen unermüdlich versuchten, die Gründung des CV zu verhindern und ihm später fernblieben. Trotz seines erklärten ideologischen Standpunktes arbeitete der CV eigentlich an der Intensivierung jüdischen Interesses in allen jüdischen Belangen, für die Solidarität gegen die gemeinsamen Feinde und für die Erhaltung eines bestimmten „jüdischen Inhalts" im Leben seiner Mitglieder.

Der CV war aus demselben Stoff wie die Zionisten. Beide Bewegungen befriedigten auf ihre Art die Bedürfnisse derjenigen Assimilierten, die am meisten desillusioniert waren durch die Schwierigkeiten im Integrationsprozeß und durch die Ablehnung, die sie glaubten aus dem Verhalten ihrer deutschen Gegenspieler gelesen zu haben. Sie alle ließen „ihren messianischen Eifer und inbrünstige Hoffnungen in die Gemeinschaft, die sie zu verlassen suchten", zurückfließen und bemühten sich, ihre Fortschrittsideologie „von der Bühne der Weltgeschichte derjenigen ihrer eigenen Gemeinschaft" anzupassen.[13] Jeder behauptete, „realistischer" und für die gemeinsame Sache effektiver zu sein auf seinem Weg als der andere, aber alle waren grundsätzlich am Projekt derselben Ausrichtung beteiligt.

Auch der Fall des jüdischen Neotraditionalismus darf nicht außer acht gelassen werden. Dieses Lager nahm im Judentum seit den frühen Stadien der Emanzipation mehrere Formen an. Der Traditionalismus formulierte zuerst – früh im 19. Jahrhundert – die strikt orthodoxe Ideologie der Immobilität und vereinte seine Kräfte später in der Neo-Orthodoxie und der radikalen Agudat Ysrael wieder. Letzten Endes hat er sich auch, in einer ganz anderen Form, im Nationalismus religiösen Flügeln von „Gush Emunim" im heutigen Israel, kristallisiert. Wie an anderen Orten auf der Welt droht nun der Fundamentalismus die Führung auch im jüdischen Nationalismus zu übernehmen.

Nationen mögen wohl kein Naturphänomen sein, aber „sie sind auch keine rein künstlichen Konstruktionen". Oftmals sind Nationen eher, wie im jüdischen Fall, Versuche, „gewisse latente, historische Kulturbeziehungen gewissen Aspekten moderner Veränderung anzupassen".[14] Der jüdisch-ethnische Nationalismus der Neuzeit vollbrachte Wunder im Erreichen objektiver und insbesondere subjektiver moderner jüdischer Einheit. Der Herausforderung an uns, seinen ursprünglichen Geist des Humanismus und Liberalismus zu bewahren, sind wir noch nicht gerecht geworden. Sie existiert immer noch.

---

1 Siehe sein Buch, *Nations and Nationalism since 1780. Programme, Myth, Reality*, Cambridge 1990, S. 13 (dt. *Nationen und Nationalismus: Mythos und Realität seit 1780*, Frankfurt a. M. u. a. 1991).

2 Siehe J. Israel, *European Jewry in the Age of Mercantilism, 1550–1750*, Oxford 1985. Für die folgende Beschreibung des traditionellen jüdischen Lebens habe ich vor allem benutzt: J. Katz, *Tradition and Crisis. Jewish Society at the End of the Middle Ages*, New York 1971.

3 Zur Geschichte der frühen jüdischen Einwanderung aus Osteuropa, s. M. Shulvass, *From East to West: The Westward Migration of Jews from Eastern Europe During the Seventeenth and Eighteenth Centuries*, Detroit 1971.

4 Zusammenfassend zu dieser Diskussion s. A. Altmann, *Moses Mendelssohn. A Biographical Study*, Alabama 1973, S. 368–405, und J. Katz, *Aus dem Ghetto in die bürgerliche Gesellschaft: jüdische Emanzipation 1770–1870*, Frankfurt a. M. 1986, Kapitel VIII. Andere Beiträge sind hauptsächlich auf hebräisch.

5 Für die folgenden Beispiele und andere s. D. Ellenson, „The Orthodox Rabbinate and Apostasy in Nineteenth-Century Germany and Hungary", in: T. M. Endelman (Hrsg.), *Jewish Apostasy in the Modern World*, New York/London 1987, S. 165–187.

6 Über die Neo-Orthodoxie s. jetzt vor allem M. Breuer, *Jüdische Orthodoxie im Deutschen Reich 1871–1918. Die Sozialgeschichte einer religiösen Minderheit*, Frankfurt a. M. 1986.

7 Zur Sozialgeschichte der Juden in Deutschland s. J. Toury, „Der Eintritt der Juden ins deutsche Bürgertum", in: H. Liebeschütz und A. Paucker

(Hrsg.), *Das Judentum in der deutschen Umwelt 1800–1850*, Tübingen 1977, S. 139–242, und seine *Soziale und politische Geschichte der Juden in Deutschland 1847–1871*, Düsseldorf 1977.

8 J. Toury, „Ostjüdische Handarbeiter in Deutschland vor 1914", in: *Bulletin des Leo Baeck Instituts*, 21, 1963, S. 81–91.

9 A. Geiger, *Unser Gottesdienst*, Breslau 1868, S. 18. Über Geiger s. M. A. Meyer, *Response to Modernity. A History of the Reform Movement in Judaism*, Oxford/New York 1988, Kapitel II, III.

10 Zitiert in J. Toury, *Der Eintritt der Juden ins deutsche Bürgertum – eine Dokumentation*, Tel Aviv 1972, S. 315–316.

11 Zitiert in A. Paucker, „Zur Problematik einer jüdischen Abwehrstrategie in der deutschen Gesellschaft", in: W. E. Mosse und A. Paucker (Hrsg.), *Juden im Wilhelminischen Deutschland 1890–1914*, Tübingen 1976, S. 488. Zur Geschichte des CV auch im Vergleich zum Zionismus s. J. Reinharz, *Fatherland or Promised Land: The Dilemma of the German Jew, 1893–1914*, Ann Arbor 1975.

12 Siehe jetzt S. Volkov, „Die Erfindung einer Tradition. Zur Entstehung des modernen Judentums in Deutschland", in: *Historische Zeitschrift*, 253, 1991, S. 603–628.

13 A. D. Smith, *The Ethnic Revival*, Cambridge 1981, S. 100–101.

14 Ebd., S. 52.

Jehuda Reinharz

Jüdische Identität in Zentraleuropa vor dem Zweiten Weltkrieg

Die Neigung zu einer militanteren, selbstbewußteren Verteidigung jüdischer Rechte und Interessen machte die im Westen lebenden Juden für den Zionismus empfänglich. Die frühen Anhänger der Aufklärung und der bürgerlichen Emanzipation waren gewöhnlich davon ausgegangen, die Juden müßten sich ihre Gleichberechtigung dadurch verdienen, daß sie im wirtschaftlichen und sozialen wie auch im religiösen Bereich ihre traditionellen Lebens- und Denkweisen modernisierten. Diese Haltung veranlaßte besonders in Amerika viele Juden, sich vor einer separatistischen politischen Betätigung zu hüten, wie der Zionismus sie eindeutig mit sich brachte. Doch in der Anfangszeit der zionistischen Bewegung vertrat eine ganze Generation selbstbewußter jüdischer Liberalen eine andere, eher aktivistische Position. Sie sahen in der bürgerlichen Gleichberechtigung ein Gut, auf das die Juden einen absoluten Rechtsanspruch hatten, das nicht von Bedingungen abhängig gemacht oder ihnen vorenthalten werden durfte, bis sie irgendwelche Normen „bürgerlicher Verbesserung" erfüllt hätten. Überdies wurde es in den 1870er Jahren klar, daß nicht nur rechtliche Benachteiligungen, sondern auch gesellschaftliche Ressentiments gegen die Juden, die in einem aufkommenden politischen Antisemitismus kulminierten, militante jüdische Reaktionen und somit auch organisatorische Instrumente für die Selbstverteidigung erforderten.

Die Alliance Israélite Universelle, 1860 in Frankreich als internationale jüdische Körperschaft gegründet, und der Centralverein deutscher Staatsbürger jüdischen Glaubens, 1893 in Deutschland ins Leben gerufen, um den Antisemitismus zu bekämpfen, wurden von führenden Köpfen dieser aktivistischen Richtung gegründet. Ihr erklärtes Engagement für die jüdische Emanzipation gemäß den Prinzipien der Französischen Revolution stand natürlich in direktem Gegensatz zur zionistischen Parole der Selbstemanzipation. Ihr antizionistisches Engagement war oft Ausdruck ihrer rebellischen Haltung gegen ihre eigenen Führer im Interesse einer aktivistischen, militanten und politischen Verteidigung jüdischer Belange. Die Konflikte nahmen oft die Form von Auseinandersetzungen über taktische Fragen an; was die nichtzionistischen jüdischen Führer mit den Zionisten verband, war ein grundlegender strategischer Konsens für ein offensives Vorgehen im Gegensatz etwa zu einem defensiven, eher nach innen gerichteten Streben, die Stellung der Juden in der nichtjüdischen Welt zu verbessern.

Theodor Herzl, Begründer der zionistischen Weltbewegung, gehörte einer Generation junger Juden aus dem deutschsprachigen Bereich an, denen die Empfindlichkeit gegenüber antisemitischen Kränkungen in ihren Studentenjahren tief eingepflanzt wurde. In den 1880er Jahren stiegen einige antisemitisch orientierte politische Parteien in Deutschland und Österreich zu bedrohlicher Stärke an. Auch wenn das antisemitische Wählerpotential in Deutschland im Lauf der 1890er Jahre zurückging, wurden weiterhin jüdische Studenten an den Universitäten von antisemitischen Verbindungen belästigt und gedemütigt. Der verwundete Stolz, den diese Generation verband, fand seinen Ausdruck in der offensiven Verteidigung jüdischer Rechte durch den Centralverein und durch Vertreter des Zionismus wie Max Bodenheimer, Franz Oppenheimer und Herzl.

Der Aufstieg Herzls machte es unmöglich, den Zionismus weiterhin als eine im wesentlichen osteuropäische Bewegung mit nur wenigen westlichen Anhängern und Sympathisanten abzustempeln. Gewiß hatten auch schon vor Herzl westliche Sympathisanten eine sehr wichtige Rolle in der protozionistischen Bewegung Hibbat Zion gespielt: Der Pariser Baron Edmond de Rothschild hatte die finanzielle Förderung fast aller Siedlungen des Hibbat Zion in Palästina übernommen, und die Organisation hatte ihr Hauptquartier in Paris aufgeschlagen, um Hindernissen auszuweichen, die die russische Regierung aufgerichtet hatte.

Spätestens jedoch mit der Einberufung des zionistischen Kongresses 1897 führte Herzl die Bewegung kühn und wirkungsvoll in die Arena der internationalen Politik – nicht mit dem Ziel, lokale Probleme bestimmter unterdrückter jüdischer Gemeinden in Osteuropa zu lösen, sondern mit dem Anspruch aller in der Diaspora lebenden Juden auf Freiheit als Angehörige „eines Volkes, einer vereinten Nation". Mit diesem kühnen Manöver gelang es ihm, den ursprünglichen Impetus der Selbstemanzipation unter den Zionisten in Osteuropa wiederzubeleben und durch die Artikulierung jüdischen Stolzes auch unter Männern seines Schlages im Westen Anhänger zu gewinnen. Er präsentierte den Zionismus als ideologische Herausforderung an alle Juden und als Lösung für ein Problem, das sie alle in gleicher Weise betraf. Auf die Westeuropäer wirkte dies jedoch wie die Identifizierung mit einer Ideologie und mit Handlungsanweisungen, die sich vor allem auf die Situation der osteuropäischen Juden beziehen ließen. Herzl schreckte vor dieser Folgerung nicht zurück, sondern entwickelte aus ihr das Argument, die Krise, die offenkundig auf die russischen und rumänischen Juden zukomme, werde letztendlich alle Juden überall betreffen. Andere zionistische Führer (wie der Kölner Max Bodenheimer) stimmten wohl im Prinzip der Einschätzung zu, die allgemeine Situation der Juden finde in Osteuropa ihren deutlichsten Ausdruck, doch hielten sie Deutschland für eine Ausnahme und einen Glücksfall; überhaupt behaupteten viele westeuropäische Juden, unter ihnen westliche Zionistenführer, daß in ihrem Land eine besondere Situation bestehe. Was aber die Juden in ihrer Gesamtheit, als *ein* Volk betraf, empfanden diese Zionisten die Lage in Osteuropa als paradigmatisch, ebenso wie die dieser Lage angemessene Diagnose und Therapie.

Ein weiteres Element, das den Zionismus für westliche Juden attraktiv machte, war die wachsende Beunruhigung über die Auswirkungen des rationalistischen Universalismus der jüdischen Religionsreformen und über den säkularen Liberalismus. Junge Juden, die in einem solchen Milieu aufgewachsen waren, versetzten ihre Eltern nur allzuoft in Bestürzung, wenn sie Familienloyalitäten aufgaben; auf der anderen Seite hielten die Jungen den Säkularismus oder die reformierte Religion ihrer Eltern für verabscheuungswürdige Äußerungsformen einer bürgerlichen Existenz. Beides konnte zu einer höheren Wertschätzung jener soliden Verwurzelung führen, die als Charakteristikum des osteuropäischen Judentums galt. Der Zionismus als ein Ausdruck dieser Kultur zog in den ersten Jahren einige deutsche Juden in seinen Bann, die aus orthodox-religiösen Verhältnissen stammten. Später, besonders nach engeren Kontakten mit Ostjuden während des Ersten Weltkrieges, setzte sich eine Gruppe junger zionistischer Avantgardisten in Berlin, Prag und anderen Zentren moderner Kultur an die Spitze der deutschen zionistischen Bewegung. Hier und in anderen westlichen jüdischen Gemeinden wurde der Zionismus, wie auch die von Martin Buber und anderen inspirierte Strömung des Neo-Chassidismus, als Bestandteil eines allgemeineren Aufbegehrens der Jungen gegen das ältere Establishment begrüßt.

Der Erste Weltkrieg eröffnete dann westlichen, insbesondere deutschen Juden die Chance, mit ihren osteuropäischen Glaubensbrüdern zusammenzutreffen – oft zum ersten Mal –, und bei dieser Gelegenheit wurden Verbindungen geschaffen, die von Dauer sein sollten. Deutsche Zionisten betrachteten die Ostjuden als die „besseren Juden", da sie enger mit ihrer Tradition und Kultur in Verbindung standen. Die Angehörigen der älteren Generation wußten um die Unterschiede zwischen den deutschen Juden und ihren osteuropäischen Brüdern, zogen daraus jedoch keine Schlüsse im Hinblick auf ihr eigenes Leben. Die jüngere Generation jedoch blickte auf die Ostjuden als nacheiferungswürdige Vorbilder. Größtenteils war das eine romantische Idealisierung. Vor dem Ersten Weltkrieg waren nur sehr wenige deutsche Juden tatsächlich in engere Berührung mit Ostjuden gekommen. Viele junge Juden glaubten, den Grund für den moralischen und nationalen Verfall des westlichen Judentums in Persönlichkeitsdefekten der angepaßten westeuropäischen Juden suchen zu müssen. Die Identifizierung mit den Ostjuden war für sie ein Mittel, diesem Zerfall zu wehren. Die Idealisierung der Ostjuden und ihrer Kultur war Ausdruck tiefgehender persönlicher Wünsche und Bedürfnisse dieser jungen Zionisten.

Man kann daher sagen, daß der Erste Weltkrieg in der Einstellung deutscher Zionisten gegenüber den Ostjuden eine Wende brachte. Sie wurden fortan nicht nur als Objekte philanthropischer Bemühungen betrachtet, sondern als wertvolle politische und ideologische Teilhaber an der Sache des Zionismus und als aktive Partner bei der Verbesserung ihrer eigenen trostlosen Lage. Ferner sahen viele deutsche Zionisten in den Ostjuden eine Quelle, aus der ihr Judentum Stärke und Vitalität schöpfen konnte. Eine steigende Zahl deutscher Zionisten suchte aktiv den Kontakt zu den osteuropäischen Juden, die in ihrer Umgebung lebten.[2]

Der Zionismus in Deutschland trat als Ideologie wie auch als soziale Bewegung in Erscheinung. Als soziale Bewegung organisierte er Aktivitäten, die eher auf Bewußtseinsveränderung zu zielen schienen als auf die praktische Verwirklichung des zionistischen Programms. Die praktische Arbeit beschränkte sich im wesentlichen auf Geldbeschaffung und Propaganda. Der deutsche Zionismus war nicht in erster Linie eine Antwort der Mehrheit des deutschen Judentums auf die Folgen ihrer gesellschaftlichen Position. Er war vielmehr vor allem der Versuch einer organisierten Minderheit, das deutsche Judentum auf das Ziel eines nationalen jüdischen Selbstverständnisses hin zu erziehen.

Die Parallelen in bezug auf sozioökonomischen Hintergrund, berufliche Stellung und Lebensstil zwischen den Führern der Zionistischen Vereinigung für Deutschland (ZVfD) und denen der bedeutendsten Organisation des deutsch-jüdischen Liberalismus, des Centralvereins deutscher Staatsbürger jüdischen Glaubens (CV), sind bereits erwähnt worden.[3] Die beiden Organisationen waren ideologische Konkurrenten mit völlig gegensätzlichen Vorstellungen von den Bedürfnissen und Interessen des deutschen Judentums. Wenn wir untersuchen, was deutsche Juden dazu veranlaßt haben mag, der einen oder der anderen Organisation beizutreten, liefern freilich Faktoren wie berufliche oder soziale Stellung keine hinreichende Erklärung. Auch die deutschen Zionisten sahen in Deutschland ihr Vaterland, und nur wenige, vielleicht um die zehn Prozent, wanderten nach Palästina aus oder beabsichtigten, es zu tun, ehe die Entwicklung nach 1933 sie dazu zwang.

Die unter den deutschen Juden allgemein anerkannte Ideologie, wie sie von ihrer größten Organisation, dem Centralverein, vertreten wurde, war die der Anpassung und Integration, die bürgerliche Emanzipation mit Aufnahme in das deutsche Volk gleichsetzte. Sie ging von einem stetigen Fortschritt der politischen Freiheit in Deutschland aus und strebte das vollständige Aufgehen des deutschen Judentums in der deutschen Kultur und Gesellschaft an. An einem gewissen Punkt jedoch erkannten einige assimilierte oder sich assimilierende deutsche Juden aus der Mittelschicht, daß diese grundlegende Annahme falsch war. Es ging nicht darum, eine neue Identität zu finden, sondern ihre Stellung in der deutschen Gesellschaft neu zu definieren. Was ergab sich aus dieser Umorientierung?

Die Schwelle zu einem neuen sozialen Bewußtsein war überschritten, als die erste Generation deutscher Zionisten mit der Feststellung, die Juden hätten ohnehin nicht die Chance, jemals voll als Angehörige des deutschen Volkes anerkannt zu werden, für sich das Recht beanspruchte, unter Wahrung der eigenen ethnischen Identität weiterhin loyale Deutsche zu sein.[4] Damit verwarfen die deutschen Zionisten das Postulat eines kontinuierlichen Fortschritts in Richtung auf eine vollständige gesellschaftliche Anerkennung ebenso wie den Wunsch nach vollständiger Akkulturation. Das war für die Zionisten der springende Punkt der jüdischen Frage, und es war auch der Kern der Debatte zwischen ihnen und den Liberalen. Deshalb kreisen so viele Diskussionen um die Definition und die Neudefinition der Begriffe Deutschtum und Judentum. Es handelte sich um eine theoretische Debatte, die in ihren Schriften eine wichtigere Rolle spielte als Themen wie das Problem der Identität oder der Anschluß an die zionistische Bewegung.[5]

Der Centralverein war sowohl ein „Abwehrverein" als auch ein „Gesinnungsverein". Zwischen diesen beiden Funktionen stellte die Satzung der Organisation einen engen Zusammenhang her. Sie wurde nie müde zu versichern, mit möglichst aufrichtigen Loyalitätsbekenntnissen zu deutscher Gesinnung lasse sich der Antisemitismus besiegen. Während der CV sich in diesem Punkt treu blieb, modifizierte er in anderen Punkten seine ideologische Haltung kontinuierlich, als Antwort auf die äußeren und inneren Ereignisse zwischen 1893 und 1938. Der Erste Weltkrieg, die Balfour-Deklaration, der Zustrom der Ostjuden nach Deutschland und Forderungen jüngerer CV-Mitglieder in den späten zwanziger Jahren gehörten zu den Faktoren, die zu diesen Veränderungen beitrugen. Eine Analyse der Stellung des CV zu Deutschtum und Judentum vor dem Ersten Weltkrieg ist deshalb unabdingbar für ein angemessenes Verständnis seiner Entwicklung bis 1938.

In seinen frühen Jahren hatte der Centralverein leidenschaftlich verkündet, er sei nur eine Abwehrorganisation, die es sich zum Ziel gesetzt hätte, die Ehre der deutschen Juden vor antisemitischen Beleidigungen zu schützen. Diese Aussage stand im krassen Widerspruch zum ersten Artikel der Satzung des CV, der von seinen Mitgliedern eine „deutsche Gesinnung" verlangte. Diese Forderung bedeutete, daß die Mitgliedschaft im CV an die Bedingung der Loyalität zum Deutschtum geknüpft war, die vor jeder anderen Loyalität, einschließlich der zum Judentum, zu rangieren hatte. Das war der oberste Glaubenssatz des CV bis zum Ersten Weltkrieg. Doch bei allem lauthals verkündeten Patriotismus und bei aller Liebe für das Deutsche schlechthin versäumte es der CV doch nicht, seine Haltung zum Judentum zu definieren. Eine seiner Hauptaufgaben in den Jahrzehnten vor dem Ersten Weltkrieg bestand daher darin, Judentum *und* Deutschtum zu Bausteinen der Weltanschauung der deutschen Juden zu machen.

Der Zionismus gewährte jenes psychische Befreiungserlebnis, das stolze Selbstbestätigung mit sich bringt; die Zionisten definierten sich selbst im Kontext ihrer Beziehungen innerhalb der jüdischen Welt und nicht gemäß ihrer Stellung in der deutschen Gesellschaft. Ihre gelungene Selbstbestätigung veranlaßte sie häufig dazu, ihr Verhältnis zu anderen Juden neu zu bestimmen und damit auch ihre Position und Rolle innerhalb der jüdischen Gemeinde neu zu definieren. Selbstbestätigung bedeutete für die deutschen Zionisten der ersten Generation, sich auf ihre Bande zur jüdischen Gemeinschaft zu besinnen. Für die zweite und dritte Generation mit ihrem oft romantisch verklärten Bild der Ostjuden bedeutete es hingegen häufig, jüdische Kultur und jüdische Wertvorstellungen wiederzuerlernen.

Bisher haben wir die psychologischen Faktoren betrachtet, die zum Aufkommen der zionistischen Idee in Deutschland maßgeblich beigetragen haben dürften. Jetzt sollten wir einen Blick auf den Aufstieg der zionistischen Bewegung werfen, um zu verstehen, wie sie sich von den liberalen Strömungen des Judentums unterschied. Von besonderem Interesse sind dabei jüdische Jugendbewegungen und andere frühe zionistische Gruppierungen, die wichtige Komponenten in der Zionistischen Vereinigung für Deutschland darstellten. Diese Gruppen waren der Ort, wo die Ideologie artikuliert und wo über die psychologischen Strukturen nachgedacht wurde.

Burschenschaften waren bekanntlich eine weitverbreitete Form studentischer Selbstorganisation im Deutschland der 1880er Jahre.[6] Wie andere aus ihrer Gesellschaftsschicht traten auch jüdische Studenten in großer Zahl in Burschenschaften ein. Viele dieser jungen Juden, wenn nicht alle, kamen aus assimiliertem Elternhaus und wollten so intensiv wie möglich am vielfältigen deutschen Kulturleben teilnehmen. Allein mit fortschreitender Zeit wurde für jüdische Studenten der wachsende Antisemitismus der Burschenschaften die – nicht unbedingt rechtliche, aber mindestens psychologische – Hemmschwelle für einen Beitritt oder eine dauerhafte Mitgliedschaft. Ihre Antwort darauf bestand in der Gründung eigener Burschenschaften, die in bezug auf Formen und Struktur ihren deutschen Gegenstücken nachgebildet waren. Theoretisch standen diese Burschenschaften auch den Nichtjuden offen, aber in der Praxis entwickelten sie sich zu ausschließlich jüdischen Vereinigungen.

Diese Entwicklung beschwor Spannungen herauf. Einerseits behielten diese jungen Juden ihre an Assimilation und Liberalismus orientierten Überzeugungen und Wertvorstellungen bei, andererseits nahmen ihre Aktivitäten, im Kontext einer geschlossenen jüdischen Gruppe entfaltet, einen jüdischen Charakter an.

Die Juden versuchten auf zweierlei Weise, diese Spannungen aufzuheben. Manche erklärten, es gebe überhaupt keine, die augenscheinlichen Unstimmigkeiten seien nur eine Bestätigung für die Notwendigkeit, den Kampf gegen den Antisemitismus zu organisieren und sich damit für den deutschen Liberalismus ins Zeug zu legen. Als notwendige Elemente im Kampf gegen den Antisemitismus erschienen ihnen a) ihre eigene Selbstverbesserung und weitere Akkulturation, um sich der Aufnahme in deutsche Burschenschaften würdig zu erweisen, und b) die frontale Auseinandersetzung mit verbreiteten antisemitischen Vorurteilen. Die Existenz jüdischer Burschenschaften wurde gerechtfertigt als eine notwendige Zwischenetappe auf dem Weg zur vollen Integration. Dies war der am weitesten verbreitete Versuch zum Ausgleich der Spannungen und entsprach dem Denken der großen liberalen Mehrheit sowie der Politik des CV.

Der zweite Lösungsansatz bestand darin, die Konzepte der Akkulturation und Assimilierung abzulehnen. Diejenigen Juden, die vor den Widersprüchen in ihrem Dasein die Augen nicht verschließen konnten oder wollten, vertraten die Meinung, Burschenschaften nur für Juden seien nicht nur ein vorübergehender Notbehelf, sondern die letztlich am besten geeigneten Instrumente zur Förderung jüdischen Stolzes und jüdischer Einigkeit. Diese neue Bejahung eines jüdischen „Nationalstolzes" stellte wieder einen Einklang her zwischen dem Denken und dem Handeln. Mit der Zeit entwickelten Mitglieder dieser Denkrichtung eine kohärentere zionistische Ideologie und organisierten zionistische Gruppen, die Vorläufer des ZVfD waren oder sich nach seiner Gründung mit ihm zusammenschlossen. Es war kein Zufall, daß in vielen dieser Gruppen russischstämmige, von Hovevei Zion beeinflußte Männer und Frauen aktiv waren.

Bezeichnenderweise ließ sich eine parallele Entwicklung innerhalb der liberal-assimilatorischen Studentengruppen beobachten. Sie entwickelten allmählich eine ausgereifte deutschjüdische Ideologie, welche die Notwendigkeit jüdischer Selbstverteidigung betonte, unter besonderer Berücksichtigung der Frage, welche jüdischen Interessen verteidigt werden sollten und wie dies im Einklang mit dem deutschen politischen Liberalismus geschehen könne. Diese Gruppen entwickelten in der Folge eine zunehmende organisatorische Aktivität. Sie bedienten sich tatkräftig der Presse, um den Antisemitismus als mit dem deutschen Recht und mit liberalen Grundsätzen unvereinbar zu attackieren, und sie pflegten innerhalb der jüdischen Gemeinschaft deutsche Kultur.

Ähnliche Entwicklungen vollzogen sich in anderen jüdischen Jugendbewegungen. Wie die Burschenschafter in den 1890er Jahren gründeten jüdische Jugendgruppen in den ersten beiden Jahrzehnten des 20. Jahrhunderts Verbände nach dem Muster der deutschen Wandervogelbewegung und anderer Jugendbewegungen, von denen sie ausgeschlossen waren.[7] Erneut traten Widersprüche zutage zwischen assimilatorischem Denken und jüdischem Handeln. Diesmal jedoch wurden, besonders nach dem Ersten Weltkrieg, die Dissonanzen häufiger durch eine Änderung des Denkens, eine Annäherung an den Zionismus, aufgelöst als durch Mechanismen der Verdrängung oder Rationalisierung.[8]

Daß assimilierte deutsche Juden zunächst einmal versuchten, dem Widerspruch zwischen Realität und liberaler Ideologie auszuweichen, überrascht keineswegs, wenn man ihre Tradition und ihren Erfahrungshintergrund im letzten Drittel des 19. Jahrhunderts berücksichtigt. Man darf auch nicht vergessen, daß bis weit in die 1920er Jahre hinein die liberale Ideologie einige attraktive Aspekte hatte. Sie versprach kontinuierliche Mobilität nach oben und vollständige Integration der Juden in die deutsche Gesellschaft. Sie prophezeite größere Chancen für Juden auf wirtschaftlichem und sogar politischem Gebiet, von der Kultur ganz zu schweigen. Der Zionismus erschien demgegenüber als ein negativer Ansatz, der das Dasein der Juden in der Diaspora kritisierte, ja herabwürdigte.

Indes, je länger die Widersprüche in der Sozialstruktur bestehen blieben, desto schwieriger wurde es, die Spannungen auszugleichen. Dennoch blieb es bis zum Ersten Weltkrieg verbreitete Übung, vor den Widersprüchen die Augen zu verschließen; nur wenige deutsche Juden brachen offen mit der liberalen Ideologie. Aber ab etwa 1912 und besonders während der Krise des Liberalismus und der Konjunktur des völkischen Antisemitismus in der Weimarer Epoche wurden die Widersprüche immer deutlicher. Dies trieb im Zusammenwirken mit anderen Entwicklungen, die sich zum Teil außerhalb Deutschlands vollzogen, immer mehr deutsche Juden dem Zionismus in die Arme.

Dieser Konflikt zwischen liberalem Assimilierungsstreben und Zionismus beeinflußte das soziale, politische und wirtschaftliche Leben des deutschen Judentums kaum. Der Zionismus in Deutschland war zuerst einmal eine Ideologie, und seine Anziehungskraft bestand für deutsche Juden nicht in irgendwelchen praktischen oder konkreten Handlungen. Dennoch hatte der ZVfD eine Reihe von konkreten Zielen: organisatorische Mittel für die Zionistische Weltorganisation bereitzustellen, für die Unterstützung der jüdischen Arbeiterbewegung in Palästina zu sorgen, Geld für eine Reihe zionistischer Unternehmungen zu beschaffen[9] und osteuropäischen Juden bei der Auswanderung nach Palästina sowie auch in Deutschland zu helfen. Dieses letztere Ziel hatte natürlich ideologische Implikationen in dem Sinne, daß die erste Generation der deutschen Zionisten in der Situation der russischen und rumänischen Juden das eigentliche jüdische Problem zu sehen schien, während sie ihre eigene Situation in Deutschland offenbar als Ausnahme von der Regel betrachtete. Wie auch immer, keine ihrer Aktivitäten machte ein Sich-Einmischen in die kommunale oder nationale Politik oder ein konkreteres persönliches Engagement in Palästina erforderlich.

Der ZVfD mußte, um seine zentralen ideologischen und anderen Ziele zu erreichen, die Liberalen bekämpfen und das Bewußtsein der deutschen Juden heben. Gerade der Gegensatz der zionistischen Überzeugungen zu denen der liberalen Mehrheit gereichte dem ZVfD hier insofern zum Vorteil, als er ihm einen hohen und beständigen Grad an Sichtbarkeit innerhalb der Gemeinschaft sicherte. Sonst setzte der ZVfD vor allem auf Propaganda, sei es in kleinen Zirkeln und auf der Ebene der lokalen jüdischen Gemeinde, sei es durch öffentliche Vorträge oder die Verteilung von Schriften. Die wichtigsten Stützen dieser Kampagne waren Einzelpersonen, die anderen deutschen Juden die zionistische Idee nahebringen konnten. Diese Männer und

Frauen, teils bezahlt, teils unentgeltlich arbeitend, opferten einen Großteil ihrer Zeit für ihre Aufgabe. Fast ausnahmslos handelte es sich bei ihnen um deutsche Zionisten der „post-assimilationistischen" Generation, denen es von Herkommen, Sprache, Auftreten und Stil her möglich war, im hochgradig akkulturierten liberalen deutschen Judentum der Mittelschichten Resonanz zu finden.

Dank der klaren ideologischen Linie, die den deutschen Zionismus auszeichnete, waren die Zielsetzungen des ZVfD bemerkenswert eindeutig; dies versetzte ihn in die Lage, auf wirkungsvolle Weise Ressourcen zu mobilisieren. Die deutschen Juden fühlten sich vom Zionismus angezogen, weil ihnen dessen Ideen psychologisch und sozial vernünftig erschienen. Zusammenfassend kann man sagen, daß der ZVfD in seinen Anfängen aus dem Zusammenwirken sozialer, historischer und psychologischer Kräfte hervorging, die ihrem Zionismus eine eher ideologische als praktische Zielrichtung verliehen, bis 1933 die Nazis an die Macht kamen.

Die Wechselwirkung zwischen Zionisten und jüdischen Nationalisten einerseits und Mitgliedern der österreichischen, besonders der liberalen Wiener jüdischen Gemeinde andererseits vollzog sich in ganz anderen Formen als in Deutschland.[10] Hier stießen nicht nur unterschiedliche Definitionen dessen, was Judentum bedeutete, aufeinander, sondern auch Gegensätze in der Frage, wie die aus der jeweiligen Definition abgeleiteten Entscheidungen in die Praxis des öffentlichen Wirkens umgesetzt werden sollten. In ihrem Kräftemessen ging es um zwei Dinge: die allgemeine politische Haltung der Juden gegenüber den Nichtjuden[11] und die politische Vorherrschaft innerhalb der israelitischen Kultusgemeinde selbst.[12] In beiden Punkten zwang der Kampf beide Parteien dazu, ihr Verständnis von Judentum und österreichischem Patriotismus zu überdenken.[13]

Die liberalen jüdischen Abgeordneten, die Vertrauensleute der etablierten jüdischen Führungselite waren, betrieben eine höchst eigentümliche parlamentarische Politik.[14] Während alle anderen Abgeordneten sich gemäß ihren ethnischen Interessen zu Fraktionen gruppierten, die diese Interessen offen artikulierten, taten die jüdischen Mandatsträger ihre parlamentarische Arbeit unter bewußter Hintanstellung ihrer ethnischen Identität. Sie glaubten, um einer glaubhaften Identifizierung mit dem österreichischen Staat willen die Existenz eines jüdischen Volkes leugnen zu müssen. Die Ironie an der Sache war freilich, daß es gar keine österreichische Nationalidentität gab, mit der sie sich hätten identifizieren können.[15] Die Doppelmonarchie basierte auf einer Vereinbarung, derzufolge die Deutschen, die im Habsburgerreich insgesamt tonangebend waren, die Vorherrschaft der Magyaren in Ungarn und die der konservativen polnischen Aristokratie in Galizien anerkannten.[16] Die Juden demonstrierten ihr „Österreichertum" vor allem dadurch, daß sie sich mit den deutschen Liberalen identifizierten; Juden, die in Galizien gewählt wurden, schlossen sich freilich dem „Klub" oder Block der polnischen Deputierten an,[17] während in Ungarn die deutschsprachigen jüdischen Honoratioren an der Seite der tonangebenden Magyaren standen. Im übrigen hinderte das übergestreifte Mäntelchen des „neutralen Österreichertums" die jüdischen Abgeordneten nicht daran, auch jüdische Sonderinteressen zu vertreten.[18]

In den Reihen der jüdischen Liberalen herrschte die Überzeugung vor, bei den Juden handle es sich einfach um eine Religionsgemeinschaft, deren Angehörige sich ansonsten in keiner Weise von ihren Landsleuten unterschieden; im selben Atemzug legten diese Leute Verhaltensweisen an den Tag, die eindeutig jüdisch in einem ethnischen Sinn waren:[19] Was sie auf dem Gebiet der gemeindlichen Wohlfahrtspflege taten, war ebenso stark jüdisch geprägt wie ihr politisches Handeln auf innen- und außenpolitischer Ebene in Verfolgung jüdischer Interessen.[20]

Die jüdischen Nationalisten, ob es sich um Zionisten oder andere handelte, sahen in den sozialen Diensten jüdischer Organisationen, anders als ihre Glaubensgenossen, keine rein humanitären Leistungen, sondern schrieben ihnen offen eine ethnische Dimension zu; sie radikalisierten und politisierten die ganze Bandbreite bereits vorhandener Dienste, die sich als Folge der anormalen jüdischen Situation entwickelt hatten.[21] Natürlich förderten sie die Emigration, die zu einer autonomen, konzentrierten Ansiedlung in einer neuen jüdischen Heimstatt führen sollte. Doch ebenso großes Augenmerk widmeten sie den Wohlfahrts- und anderen Aktivitäten auf örtlicher Ebene, die einen Beitrag zu der von ihnen angestrebten Selbstemanzipation leisten konnten. Als Ziel der kulturellen Reform galt nicht mehr die Einpflanzung der europäischen Kultur in das jüdische Getto, sondern die Pflege einer eigenen Nationalsprache – des Hebräischen oder wahlweise auch des Jiddischen – als Medium für die Erlangung einer eigenen kulturellen Individualität. Schul- und Bildungsreformen sollten nicht mehr dem Zweck dienen, Klagen über jüdische Wucherzinsen den Boden zu entziehen und die Juden für ihre nichtjüdischen Mitbürger akzeptabel zu machen. Statt dessen forderten die Nationalisten berufliche Umschulungsprogramme, den Aufbau von Erzeuger-, Konsum- und Kreditgenossenschaften sowie den politischen und gewerkschaftlichen Kampf für die Rechte und Interessen unterdrückter jüdischer Arbeiter. Die jüdischen Nationalisten verstanden unter Integration weniger ein möglichst vollständiges Aufgehen der Juden in der nichtjüdischen Gesellschaft als etwas, das zu einem gefestigten und beflügelnden innerjüdischen Konsens führen sollte. Und schließlich sollten jüdische Politiker sich offen für jüdische Ziele einsetzen, ob es nun um das internationale Problem der jüdischen Migration ging oder um lokale, innenpolitische Probleme. Dies waren Grundsätze, zu denen sich am eindeutigsten und umfassendsten die Zionisten bekannten.[22]

Es lag sicher eine gewisse Ironie darin, daß jüdische Liberale sich im Kontext sowohl der österreichischen als auch der deutschen Verhältnisse durch den Druck der öffentlichen Meinung gezwungen sahen, ihre politischen Anliegen in das Gewand einer Volksgruppenpolitik zu kleiden.[23] Die Zionisten hatten allerdings ein ähnliches ideologisches Problem. Das spezifische Charakteristikum des österreichischen Zionismus war nicht die Parole der „Selbstemanzipation" – diese hatten auch andere Fraktionen innerhalb des Judentums auf ihre Fahnen geschrieben. Die Besonderheit des Zionismus lag vielmehr in seiner Doktrin, nur der Exodus aus den Ländern der Diaspora und die Rückkehr nach „Zion" könne letztlich zur Emanzipation führen. Es lag auf der Hand, daß die konsequente Umsetzung einer solchen Doktrin ein Eingreifen der Zionisten in die Innenpolitik der Länder, denen sie den Rücken zu kehren gedachten, ausschloß. Der Zionismus war aber nicht doktrinärer als jede andere ideologische Bewegung, und so wirkte der Umstand, daß das Basler Programm den bereits bestehenden kulturellen, ethnischen, sozialistischen und anderen Spielarten des jüdischen Nationalismus – in Österreich-Ungarn und anderswo – Rechnung tragen mußte, seiner rigiden Umsetzung entgegen.

Theodor Herzl begriff dies von Anfang an und bemühte sich, um sich die Unterstützung zionistischer Gruppen der unterschiedlichsten nationalen und ethnischen Kontexte zu sichern, um eine flexible Haltung ihnen gegenüber, während er ihre Differenzen, so gut es ging, ignorierte. Die Folge war, daß eine Vielzahl jüdischer Nationalisten – untereinander durchaus nicht immer einig in bezug auf Strategien und Ziele – in konsequenter Opposition zu jenen jüdischen Reichsrats-Abgeordneten blieb, die eher eine pro-deutsche als eine jüdische Politik betrieben. Die jüdischen Nationalisten standen auch dem jüdischen Establishment kritisch gegenüber, das mittels eines restriktiven Kommunalwahlrechts die gemeindlichen Institutionen kontrollierte, und natürlich begehrten sie heftig gegen die offizielle rechtliche Diskriminierung der Juden auf.[24] Sie zögerten auch nicht, polnische und deutsche antisemitische Politiker und sozialdemokratische Führer anzugreifen, welch letztere die Existenz eines jüdischen Proletariats ignorierten und sich um das Thema Antisemitismus herumdrückten.

In der Debatte zwischen den Zionisten und den liberalen Wortführern des westlichen Judentums ging es um das, was die Zionisten „Assimilationismus" nannten. Letzterer gründete sich auf die Überzeugung der westlichen Liberalen, die Juden würden sich nach gelungener Emanzipation von ihren Mitbürgern in keiner anderen Hinsicht mehr unterscheiden als in ihrer „Religion" – aber auch diese müsse sich gemäß dem eher engen Religionsverständnis der abendländischen Kirchen neu definieren und ihr Erscheinungsbild dem Stil der jeweils örtlich vorherrschenden christlichen Konfession anpassen.

In der Praxis hielt sich der nichtzionistische Westen nicht allzu streng an die Logik dieses Denkmodells oder konnte es nicht. Auf die Emanzipation folgte eine bemerkenswert erfolgreiche Akkulturation, gepaart mit wirtschaftlichem Aufstieg und bis zu einem gewissen Grad auch sozialer Assimilation der Juden. Gerade diese Erfolge lieferten jedoch den Anlaß für die Rückkehr alter und das Aufkeimen neuer, zunehmend giftigerer Formen des Judenhasses. Wie schon zuvor erwähnt, arrangierten sich die jüdischen Modernisten – bis zum Aufkommen des Zionismus – in der Praxis mit dieser Anomalie, während sie die intellektuelle Auseinandersetzung mit ihr mieden. Von der Mitgliedschaft in den deutschen Freimaurerlogen, Studentenverbindungen oder Corps ausgeschlossen, gründeten Juden eigene Parallelvereinigungen; in der Theorie betrieben sie diese als offene, nichtsektiererische Organisationen. Die örtliche jüdische Gemeinde, nominell für kultische Aufgaben da, erbrachte in Wirklichkeit eine beträchtliche Vielzahl von Wohlfahrtsleistungen für die Gemeindeglieder. Besondere Institutionen, wie die Alliance Israélite Universelle, waren auf internationaler Ebene aktiv; die von ihr geleiteten kulturellen, wirtschaftlichen und politischen Projekte waren nicht weniger ehrgeizig und weitreichend wie die später von den Zionisten in Angriff genommenen; allerdings präsentierten sie diese Aktivitäten als Werke „philanthropischer" Hilfe für ihre „Glaubensbrüder". Unter dem für die Öffentlichkeit akzeptablen Deckmantel einer allgemeinen Menschenfreundlichkeit und einer besonderen Verantwortung für das Wohlergehen der eigenen Kirche verborgen, verleugneten diese eigentlich offenkundig jüdischen Anliegen ihren nationalpolitischen Charakter.

Die Philanthropie des Westjudentums, soweit sie sich auf die jüdische Gemeinde in Palästina erstreckte, ermöglichte die Zusammenarbeit zwischen Zionisten und Nichtzionisten und lieferte zugleich den Anlaß für Kontroversen über strategische und taktische Fragen. Die Wurzeln dieser Gegensätze waren ideologischer Natur, aber praktische Zusammenarbeit erwies sich als möglich, wenn es gelang, die grundlegenden ideologischen Streitfragen durch gegenseitige oder einseitige Zugeständnisse zu überbrücken.

Im tschechischen Teil der Donaumonarchie stellte sich die Situation mindestens genauso kompliziert dar wie in Österreich. Hier waren die Hauptakteure, die um die Vorherrschaft innerhalb der jüdischen Gemeinden rangen, der deutsche Liberalismus, die tschechisch-jüdische Bewegung und der Zionismus.[25] Da der Schwerpunkt dieser Arbeit auf den deutschsprachigen Ländern liegt, werde ich mich in der Folge auf Böhmen konzentrieren, oder noch spezieller auf Prag, das Zentrum der Auseinandersetzung zwischen Liberalismus und Zionismus.[26]

Während die Anfänge einer jüdischen Nationalbewegung in Prag sich auf die Gründung der „Maccabaea" 1893 datieren lassen,[27] kam es zu einer kontinuierlichen zionistischen Arbeit erst nach dem Ersten Zionistischen Kongreß, zu dem vermutlich Theodor Herzl mit seinem Aufruf in der Zeitschrift „Die Welt" den Anstoß gab.[28] Die zionistische Bewegung bot sowohl den deutschen als auch den tschechischen Juden die Aussicht auf eine glaubwürdige Kompromißlösung in der kontroversen Nationalitätenfrage. Ihr ging es nicht nur darum, gleichermaßen den deutschen wie den tschechischen „Chauvinismus" zu bekämpfen, sondern auch um eine positive nationale Identität des Judentums. Das war das öffentlich verkündete Programm der ersten sich offen zum Zionismus bekennenden Organisation Böhmens, des Jüdischen Volksvereins „Zion". Um die gleiche Zeit gründeten tschechischsprachige Prager Studenten den zweisprachigen Verein Jüdischer Hochschüler in Prag „Bar Kochba". Sie waren die ersten, die Kritik an den Assimilationisten im tschechisch-jüdischen Volksbund übten.[29]

Bei den Assimilationisten ging die Angst um, der Zionismus könne ihnen das Wasser abgraben.[30] Nicht ohne Grund, denn die Zionisten trafen mit ihren Forderungen nach jüdischer Selbstbehauptung und nach der Verteidigung der jüdischen Ehre den Nerv insbesondere der tschechischen Juden in der Provinz. Zahlreiche Studenten, und zwar nicht nur tschechisch-, sondern auch deutschsprachige, fanden im jüdischen Nationalismus sowohl eine Alternative zu einer feindseligen gesellschaftlichen Umwelt als auch eine ehrliche Antwort auf eine Kultur, die sie ablehnten. Für die jüdischen Studenten des Vereins „Bar Kochba" war der

Zionismus eine persönliche geistige Offenbarung, eine Wiederentdeckung des religiösen Judentums als einer lebendigen Kultur. Ihre wichtigste Inspirationsquelle war Achad Haam, den ihnen Gelehrte wie Nathan Birnbaum, Martin Buber[31] und andere nahebrachten. Zugleich war ihnen bewußt, daß ihre Bewegung, wenn auch nicht bloß ein Nebenprodukt der Nationalitätenkontroverse im tschechischen Raum, so doch zumindest stark beeinflußt war von den bedeutenden zeitgenössischen Köpfen des tschechischen Nationalismus, namentlich Tomas Masaryk.

Das Aufkommen eines jüdischen Nationalismus in Prag bedrohte das Gleichgewicht des organisierten jüdischen Lebens. Viele sahen im Prager Zionismus eine bewußte Loslösung vom deutschsprachigen Judentum, mit der Folge einer inneren Schwächung dessen, was die deutsche Kultur in Prag geschaffen hatte. Tatsächlich reagierten alle deutschen Institutionen in der Stadt, nicht nur die jüdische, auf die Aktivitäten der Prager Zionisten mit spontaner Mißbilligung.[32]

In ihrem Vereinsorgan, der „Selbstwehr", erklärten die Prager Zionisten die Lehre von der Assimilation zu einer Lüge, die von der Position des neu erwachten jüdischen Nationalbewußtseins aus in Frage gestellt werden müsse. Die Zwänge der Modernisierung und der Emanzipation hätten, so ihre Analyse, die natürlichen Neigungen der böhmischen Juden verfälscht, die Werte der deutschen Kultur seien ihnen ohne Rücksicht auf ihre wirklichen Bedürfnisse aufgepfropft worden. Außerdem seien sämtliche Schritte auf dem Weg zur jüdischen Akkulturation – gleich ob dieser in die deutsche oder in die tschechische Richtung führe – bloß Bequemlichkeitslösungen.[33] Als bei der österreichischen Reichsratswahl von 1907 vier jüdische Abgeordnete ein Mandat erhielten, schien die „Selbstwehr" darin einen für das tschechische Judentum nachahmenswerten Präzedenzfall zu sehen. Die tschechischen Zionisten waren, wie ihre österreichischen Gesinnungsgenossen, der Überzeugung, der Zionismus habe in Europa ebenso eine Aufgabe zu erfüllen wie in Palästina.[34]

Schon drei Jahre später hatte sich jedoch die böhmisch-jüdische Kultur, die im wesentlichen auf einem deutsch-jüdischen Bündnis beruht hatte, auf ein tschechisches Judentum hin zu orientieren begonnen, das sich in der Folge zunehmend vom deutsch-österreichischen Liberalismus ab- und einer bewußten Zweisprachigkeit zuwandte.[35] Man kann sagen, daß nach der Jahrhundertwende die Kultur des böhmischen Judentums, gleich ob man politisch eher tschechisch oder eher zionistisch orientiert war, nur noch in nationalen Kategorien definierbar war. Selbst diejenigen Institutionen, die bis dahin politischen und kulturellen Liberalismus mit einer im großen und ganzen kosmopolitischen Einstellung gleichgesetzt hatten, gaben sich jetzt demonstrativ deutschnational. Diese ausgeprägt nationalistischen Tendenzen ließen unterschwellige Feindseligkeiten und ein heftiges Konkurrenzdenken entstehen.[36] Trotz der Vitalität und Langlebigkeit des deutsch-jüdischen Kulturerbes stellten die tschechisch sprechenden Juden jetzt sowohl die politischen Grundanschauungen als auch die kulturellen Strategien der Gesamtgemeinschaft in Frage.[37]

In dieser Situation präsentierte sich der Zionismus als ernstzunehmende kulturelle Alternative für große Teile des jüdischen Bildungsbürger- und Akademikertums. Was er sowohl den deutsch- als auch den tschechischsprachigen Juden zu bieten hatte, war ein glaubwürdiger und ehrenhafter Mittelweg, verbunden mit der Chance, zu einer positiven jüdischen Identität zu finden, etwa durch die bewußte Absage an liberale Gebrauchsanweisungen für die jüdische Emanzipation.[38]

Für die Zionisten, wie für viele andere Kritiker, sah es so aus, als fehle es der traditionellen jüdischen Gemeinde trotz ihres „stammesartigen" Zusammenhalts und ihrer unerhörten, jahrhundertelang bewahrten religiösen Solidarität an einem stabilen gesellschaftlichen Konsens, der als Rückhalt für die Auseinandersetzung mit den bedrohlichen Problemen der modernen Zeit hätte dienen können. Die traditionelle Festigkeit und Einigkeit der Juden beruhte nach Ansicht dieser Kritiker auf dem Zusammenleben im Getto bzw. auf anderen Formen der Isolierung von der nichtjüdischen Welt. Die Werte und Institutionen, aus denen sich diese Qualitäten speisten – die Einheitlichkeit der religiösen Praktiken, die lose, aber dennoch lückenlose weltweite organisatorische Verbundenheit der jüdischen Gemeinden, die weltweit praktizierte intensive Erziehung des Nachwuchses im Sinn der jüdischen Tradition –, schienen nur für die Anpassung an das problematische Gettodasein tauglich. Waren die Gettomauern erst einmal niedergerissen, so ließ sich eine nur auf diesen Grundlagen beruhende jüdische Solidarität nicht mehr aufrecht erhalten. Dementsprechend sahen moderne Kritiker jeglicher Couleur in den dem „Getto" entströmenden Juden des 19. Jahrhunderts eine unorganisierte Masse von Individualisten, unfähig, ihre egoistischen Antriebe dem allgemeinen Interesse unterzuordnen – wie auch immer man letzteres definieren mochte.

Diejenigen, die die allgemeine Aufklärung und die bürgerliche Gleichberechtigung als Schlüssel zur Lösung der Probleme des modernen Judentums propagierten, waren der Überzeugung, innerhalb der Judenschaft müsse ein Konsens herbeigeführt werden, der als Grundlage für ein Verschmelzen jüdischer und nichtjüdischer Bürger zu einem einheitlichen Staatsvolk taugen würde. Die meisten spezifisch jüdischen und allen Juden gemeinsamen Werte und institutionellen Bindungen sollten ihrer Meinung nach durch neue Werte und institutionelle Bindungen ersetzt werden, entsprechend jeweils dem säkularen Staatswesen, dem die einzelnen jüdischen Gemeinden angehörten, und deckungsgleich mit dem, was für alle anderen Bürger dieses Staatswesens verbindlich war. In besonderem Maß galt dies für die jüdische Religion oder was das Reformjudentum und andere Sekten davon übrig gelassen hatten. Jüdische Sprachen und Gebräuche sollten zugunsten der jeweiligen Landessprache und zeitgemäßer europäischer Lebensformen in der Versenkung verschwinden. Die selbständige Disziplinargewalt der jüdischen Gemeinde sollte aufgegeben werden, soweit es für die erwünschte Unterordnung unter den Staat notwendig erschien.

Die Zionisten dagegen forderten einen gesellschaftlichen Konsens auf einer neuen Grundlage, tragfähig genug, um die vom 19. Jahrhundert geprägten Juden überall auf der Welt unter den Bedingungen der modernen Zeit zu vereinigen. Ein solcher Konsens konnte ihrer Auffassung nach nicht mehr allein religiöser, sondern mußte auch nationaler Natur sein, mußte er doch unterschiedliche religiöse Gruppierungen innerhalb des Judentums ebenso auf einen Nenner bringen wie gläubige und nichtgläubige Juden. Er sollte ferner nicht dazu dienen, die Juden zum frommen, passiven Ertragen von Benachteiligung und Unterdrückung anzuhalten, sondern sie für den rebellischen, aktiven Kampf um ihre Freiheit zu schulen. In diesem Sinn wurden die hebräische (oder auch die jiddische) Sprache als kulturelles Medium und die zionistische Organisation als Urentwurf für eine dieses Ziel verkörpernde allgemeine Vertretung des jüdischen Volkes propagiert.

Politische Organisationen, die sich zum selben Grundsatz der kollektiven Selbstbefreiung bekannten, wurden auch von anderen nationalistischen und autonomistischen jüdischen Bewegungen ins Leben gerufen, die dem Zionismus ablehnend gegenüberstanden. Einige von ihnen taten den Vorschlag der Zionisten, die Probleme der Juden dadurch zu lösen, daß man sie zum Verlassen ihrer Heimat und zur Auswanderung in ein eigenes jüdisches Land bewog, als eskapistisch oder defätistisch ab. Sie forderten statt dessen, das jüdische Volk oder die jüdische Kultur sollten einen Weg zu einer Form der kollektiven Emanzipation in ihrem derzeitigen Heimatland finden, durch Geltendmachung des Status einer anerkannten Minderheit. Solche Auffassungen propagierten beispielsweise die Sejmist-Partei oder der in Osteuropa aktive Allgemeine Jüdische Arbeiterbund, kurz Bund genannt. Andere, die mit den Zionisten darin übereinstimmten, daß der Schlüssel zur Lösung der jüdischen Probleme in der Zusammenführung der Juden in einem eigenen Staat lag, versuchten ein anderes, ihrer Meinung nach für die Ansiedlung von Juden geeigneteres Land als Palästina ausfindig zu machen. Israel Zangwill gründete 1905 zur Verwirklichung dieses Ziels die International Jewish Territorialist Organization (ITO), nachdem er und seine Anhänger aus der Zionistischen Weltorganisation ausgetreten waren, weil diese das sogenannte Uganda-Angebot verworfen hatte.

Fazit

Wenn man einen Vergleich zwischen der Ideologie und Praxis der zionistischen Bewegung in Deutschland, Österreich und Böhmen anzustellen versucht, fallen die Unterschiede sogleich ins Auge, Unterschiede, die die divergierenden kulturellen und politischen Verhältnisse widerspiegeln, unter denen sie sich entwickelten, insbesondere die Beschränkungen und Chancen, die das jeweilige politische System ihnen auferlegte bzw. bot. Der deutsche Zionismus war, anders als seine Schwesterbewegungen in Österreich und Böhmen, eine Bewegung, für die Fragen der Gegenwartsarbeit – Kampf gegen den Antisemitismus, Teilnahme an lokalen und nationalen politischen Prozessen – von nachrangiger Bedeutung waren.[39] Der deutsche Zionismus war von Anfang an stark palästinaorientiert. Der Kampf um die Vorherrschaft zwischen Zionisten und Liberalen wurde daher in Deutschland stets in der ideologischen Arena ausgetragen, es war ein Kampf um die Seelen der deutschen Juden, mindestens aber um ihr Geld, jedenfalls aber nicht – von wenigen Ausnahmen abgesehen – um ihre Stimmen. In der österreichisch-ungarischen Monarchie fand eben dieser Kampf dagegen in der politischen Arena statt, sowohl auf der Ebene der Gemeinde als auch auf der Bühne der nationalen Politik. Ironischerweise wurde gerade hier, wo Theodor Herzl lebte, seine Forderung nach „Eroberung der Gemeinden", von ihm nur als Aufruf zum jüdischen Bewußtsein gemeint, wortwörtlich in die Tat umgesetzt. In Böhmen galt in noch höherem Maß als in Österreich-Ungarn, daß der jüdische Nationalismus seine Popularität vor allem dem Nationalitätenkonflikt verdankte. In beiden Ländern spielten die widerstreitenden Forderungen der diversen Nationalbewegungen, zu denen sich erschwerend eine wachsende Intoleranz gegenüber den Juden gesellte, eine Rolle beim Zustandekommen der jüdischen Selbstbehauptungsreaktion.

Die zionistische Bewegung in Deutschland trug zur Klärung der Standpunkte derjenigen Juden bei, die bis dahin mehr oder weniger außerhalb der traditionellen jüdischen Gemeinschaft gestanden hatten. Zur Debatte stand das Verhältnis der Juden zu ihrer gesellschaftlichen Umwelt. Zugleich unternahm der Zionismus den Versuch, die jüdische Kultur selbst sowohl ihren Inhalten als auch ihren Zielen nach zu verändern. In Deutschland verkörperte der Zionismus eine bewußte Abkehr von der deutsch geprägten liberalen Kultur der jüdischen Gemeinschaft. Die Zionisten warfen ihren liberalen Gegenspielern vor, sie streiften sich eine Kultur über, die nicht ihre eigene sei. Sie unternahmen den bewußten Versuch, die Entwicklung, die die jüdische Geschichte in West- und Mitteleuropa seit der Aufklärung genommen hatte, umzukehren. Sie verwarfen die Synthese aus Deutschtum und Judentum als etwas Künstliches und Schädliches. Sie betonten, daß volle Gleichberechtigung auch und gerade das Recht auf die Entwicklung einer eigenen nationalen Kultur einschließe. Und sie alle suchten im Ostjudentum die Inspiration für ihre eigene kulturelle Wiedergeburt.

Die Jahre vor dem Ersten Weltkrieg erlebten die heftigste Phase im Kampf der Zionisten gegen das liberale Establishment in ihren jeweiligen Gemeinden. In den unruhigen Jahren nach dem Krieg und den Umwälzungn, die er gebracht hatte, gelang es ihnen schließlich, eine Reihe ihrer in der Vorkriegszeit formulierten ideologischen und politischen Ziele zu verwirklichen.

Zusammenfassend läßt sich sagen, daß die Zionisten sich nicht nur mit Widersachern auseinandersetzen mußten, die hartnäckig an der Überzeugung festhielten, die individuelle bürgerliche Gleichberechtigung der Juden werde das jüdische Problem lösen, sowie mit Traditionalisten, denen jeder Versuch einer Lösung des Problems suspekt war, sondern auch mit Organisationen, die dieselben Grundgedanken und vielleicht sogar dieselben Ziele vertraten wie der Zionismus und ihn doch als Gegner bekämpften. Auf der anderen Seite fanden die vom Zionismus ins Leben gerufenen Institutionen die Unterstützung zahlreicher Nichtzionisten. Ihre spezifischen Ziele und Funktionen waren so definiert, daß viele, die mit dem Zionismus nur das jüdische Vermächtnis, nicht aber das zionistische Gedankengut teilten, sich gleichwohl seinen Institutionen verbunden fühlten oder sogar in sie eintreten konnten. Das war besonders wichtig für diejenigen Institutionen, die für sich beanspruchten, die Interessen des gesamten jüdischen Volkes zu vertreten – aus der Sicht einer nationalistischen Bewegung sind dies stets die zentralen. Zwei derartige nach dem Ersten Weltkrieg gegründete Institutionen, die Jewish Agency for Palestine und die Organisation *Vaad Leumi*, waren, als der Augenblick kam, in dem es galt, das institutionelle Gebäude des Staates Israel zu errichten, vorhanden und konnten als Fundamente für den Bau des Staates dienen.

1 Siehe Max Bodenheimer, *Wohin mit den russischen Juden? Syrien ein Zufluchtsort der russischen Juden,* Köln 1891.
2 Siehe Jehuda Reinharz, „East European Jews in the Weltanschauung of German Zionists, 1882–1914", in: *Studies in Contemporary Jewry,* Bd. I, Bloomington 1984, S. 55–95.
3 Siehe Jehuda Reinharz, „Consensus and Conflict between Zionists and Liberals in Germany before World War I", in: *Texts and Studies: Essays in Honor of Nahum N. Glatzer,* Holland 1975, S. 226–238.
4 Jehuda Reinharz, „Three Generations of German Zionism", in: *The Jerusalem Quarterly,* 9, 1978, S. 97.
5 Siehe Jehuda Reinharz, „Deutschtum and Judentum in the Ideology of the Centralverein deutscher Staatsbürger jüdischen Glaubens, 1893–1914", in: *Jewish Social Studies,* Bd. XXXVI,1, Januar 1974, S. 19–39.
6 Einen allgemeinen Überblick zum Thema jüdische Jugend im Zweiten Reich gibt Chaim Schatzker, *Jüdische Jugend im Zweiten Kaiserreich,* Frankfurt am Main 1988.
7 Siehe Chaim Schatzker, „The Term ,A Semitism' in the German Youth Movement", in: B. Oded u.a. (Hrsg.), *Mehkarim be-Toldot Am Israel ve-Eretz Israel,* Bd. 3, Haifa: Haifa University Press; Walter Z. Laqueur, „The German Youth Movement and the Jewish Question", in: *LBIYB,* Bd. IX, London 1961, und Chanoch Rinott, „Major Trends in the Jewish Youth Movements in Germany", in: *LBIYB,* Bd. XIX, London 1974.
8 Schatzker, „The Term ,A Semitism'".
9 Die Zionisten beteiligten sich sogar an manchen Kommunalwahlen – entweder direkt oder indirekt. Siehe Shmuel Maayan, *Ha-behirot be-kehilat Berlin, 1901–1920,* The Zvi Lurie Institute for the Study of Zionism and Diaspora, Givat Havivah 1977. Siehe auch Michael Brenner, „The Juedische Volkspartei. National-Jewish Communal Politics during the Weimar Republic", in: *LBIYB,* Bd. XXXV, 1990, S. 219–243.
10 Eine Übersicht aufgrund von Presseauswertungen gibt Jacob Toury, *Die jüdische Presse im Österreichischen Kaiserreich,* Tübingen: J. C. B. Mohr 1983. Siehe auch Albert Fuchs, *Geistige Strömungen in Österreich, 1867–1918,* Wien: W. de Gruyter 1978, und Abraham Palmon, „Hakehi-

lah hayehudit be-Vina vei harepublikah haostrit harishonah (1918–1938)", in: *Historyah Yehudit*, Bd. I/1, 1986, S. 9–32. Siehe auch Robert S. Wistrich, *The Jews of Vienna in the Age of Franz Joseph*, Oxford University Press 1989, S. 421–493. Eine umfassende allgemeine Bewertung findet sich bei Julius Bab und Willi Handl, *Wien und Berlin: Vergleichendes zur Kulturgeschichte der beiden Hauptstädte Mitteleuropas*, Berlin 1918.

11 Siehe „Eine Judenkurie in Österreich", in: *Die Welt*, 49, 8. Dezember 1905, S. 1f.; „Jüdische Autonomie und Jüdische Wählerkurien", in: *Die Welt*, 3, 19. Januar 1906, S. 16. Siehe auch „Eine Wiener Massenversammlung für die nationale Autonomie der Juden", in: *Die Welt*, 50, 15. Dezember 1905, S. 7f.

12 Siehe z. B. „Die Zionisten und die Wahlen in der Wiener Cultusgemeinde", in: *Die Welt*, 47, 23. November 1900, S. 1–3.

13 Siehe den interessanten Artikel von Hugo Bergmann, „Der Weg ins Freie", in: *Ost und West*, Heft 8/9, August/September 1908, S. 492–496. Es handelt sich um eine Rezension des Stückes von Arthur Schnitzler zum Thema der Assimilation der österreichischen Juden.

14 Die nachfolgende Darstellung stützt sich auf die Arbeit von Marsha L. Rozenblit, *The Jews of Vienna, 1867–1914: assimilation and identity*, Albany, N.Y.: State Univ. of New York Press 1984. (dt. Die Juden Wiens: 1867–1914. Assimilation und Identität, Wien u. a.: Böhlau 1989.) und das Manuskript von Ben Halpern und Jehuda Reinharz, „The Emergence of the Jewish State, 1880–1948". Siehe auch William A. Jencks, *The Austrian Electoral Reform of 1907*, New York: Columbia University Press 1974.

15 Siehe Peter G. Pulzer, „The Austrian Liberals and the Jewish Question, 1867–1914", in: *Journal of Central European Affairs*, Bd. XXIII, 1963, S. 131–142.

16 Zum Nationalitätenkonflikt siehe C. A. Macartney, *The Habsburg Empire 1790–1918*, New York: Weidenfeld & Nicolson 1969.

17 Siehe die eingehende Erörterung bei N. M. Gelber, *Toldot ha-tnuah ha-zionit be-Galizia*, Jerusalem (Ha-Sifryah Ha-Tzionit Be-Hotzaat Reuven Mass) 1958ff., 2 Bde.

18 Siehe Anna Drabek, Wolfgang Haeusler, Kurt Schubert u. a., *Das Österreichische Judentum. Voraussetzungen und Geschichte*, Wien und München: Jugend und Volk 1974, S. 103–140.

19 Siehe Steven Beller, *Vienna and the Jews, 1867–1938. A Cultural History*, Cambridge 1989.

20 Siehe Walter B. Simon, „The Jewish Vote in Austria", in: *LBIYB*, Bd. XVI, 1971, S. 97–121.

21 Siehe Kurt Stillschweig, „Nationalism and Autonomy among Eastern European Jewry", in: *Historia Judaica* 6, 1944, S. 27–68.

22 Siehe die lebendige Beschreibung einiger dieser Debatten bei Anschel Reis, *Bisearot hatkufah*, Tel Aviv: Am Oved 1982, S. 37–43. Siehe auch

Shabtai Unger, „Poalei Zion ba-Kesarut ha-ostrit, 1904–1914", unveröff. Diss., Tel Aviv 1985. Siehe hier bes. Kap. II, S. 175–235.

23 Siehe Werner J. Cahnman, „Adolf Fischhof als Verfechter der Nationalität und seine Auswirkung auf das jüdisch-politische Denken in Österreich", in: *Studia Judaica Austriaca*, Wien: Herold 1974. Siehe auch Harriet Pass Freidenreich, *Jewish Politics in Vienna, 1918–1938*, Bloomington: Indiana University Press 1991.

24 Zum Antisemitismus in Österreich siehe Peter G. J. Pulzer, *The Rise of Political Antisemitism in Germany and Austria*, Cambridge (Mass.) 1988, überarb. Ausg. Siehe auch Carl E. Schorske, „Politics in a New Key: an Austrian Triptyck", in: *Journal of Modern History*, 39, 1967, S. 343–386. Neuere, umfassendere Darstellungen zum Thema bieten Leopold Spira, *Feindbild „Jud". 100 Jahre Politischer Antisemitismus in Österreich*, Wien und München: Loecker 1981, sowie Robert Wistrich, „Social Democracy, the Jews and Antisemitism in Fin-de-Siècle Vienna", in: Jehuda Reinharz (Hrsg.), *Living With Antisemitism. Modern Jewish Responses*, Hanover u. a.: University Press of New England 1987, S. 193–209.

25 Siehe Karl Fischl, „Die Juden in Böhmen", in: *Die Welt*, 19, 9. März 1900, S. 2 f.; Felix Weltsch, „The Rise and Fall of the Jewish-German Symbiosis. The Case of Franz Kafka", in: *LBIYB*, Bd. I, 1956, S. 255–276; Ruth Kestenberg-Gladstein, „The Jews between Czechs and Germans in the Historic Lands, 1848–1918 in: *Czechoslovakia*, vol. I, Philadelphia and New York: The Jewish Publication Society of America 1968, S. 21–71. Vgl. auch Wilma A. Iggers, „The Flexible National Identities of Bohemian Jewry", in: *East Central Europe*, Bd. 7/1, 1980, S. 39–48.

26 Die Darstellung stützt sich in diesem Teil auf die unveröffentlichte Dissertation von Michael A. Riff, „The Assimilation of the Jews of Bohemia and the Rise of Political Antisemitism", University of London 1974, sowie auf Hillel J. Kieval, *The Making of Czech Jewry. National Conflict and Jewish Society in Bohemia, 1870–1918*, New York: Oxford University Press 1988.

27 Siehe Ruth Kestenberg-Gladstein, „Athalot Bar Kochba", in: Felix Weltsch (Hrsg.), *Prag Vi-Yerushalayim*, Jerusalem 1954, S. 86–110. Siehe im selben Band auch den Beitrag von N. M. Gelber, „Kavim lekadmut toldoteha shel hazionut be-Bohemia-u-Moravia", S. 36–51. Siehe ferner Chaim Yahil, *Dvarim al Hazionut ha-Czechoslowakit*, Jerusalem 1967.

28 [T. Herzl], „Die Jagd in Böhmen", in: *Die Welt*, 23, 5. November 1897, S. 1 f. Siehe auch Stuart A. Borman, „The Prague Student Zionist Movement, 1896–1914", unveröff. Diss., University of Chicago 1972.

29 Die Tagebücher von Hugo Bergmann sind für ein Verständnis der Geschichte des Zionismus in Böhmen unverzichtbar. Siehe Shmuel Hugo Bergmann, *Tagebücher und Briefe*, Bd. I, 1901–1948, Königstein i. Taunus: Athenaeum 1985. Relevant für die vorliegende Arbeit sind insbes. S. 3–100.

30 Zum Grad der Assimiliertheit siehe Michael A. Riff, „Assimilation and

Conversion in Bohemia. Secession from the Jewish Community in Prague, 1868–1917", in: *LBIYB*, Bd. XXXVI, 1981, S. 73–88.

31 Siehe z. B. Hans Kohn, „Rückblick auf eine gemeinsame Jugend", in: Hans Tramer und Kurt Loewnstein (Hrsg.), *Robert Weltsch zum 70. Geburtstag von seinen Freunden,* Tel Aviv: Bitaon 1961, S. 115. Hugo Bergmann, „Die Nationale Bedeutung Achad Haams", in: *Der Jude,* 1916–1917, S. 358–361; Jehuda Reinharz, „Ahad Ha'Am, Martin Buber and German Zionism", in: Jacques Kornberg (Hrsg.), *At the Crossroads. Essays on Ahad Ha-Am,* Albany: State University of New York Press 1983, S. 142–155.

32 Kieval, *The Making of Czech Jewry,* S. 154–163. Siehe auch Hans Tramer, „Prague – City of Three Peoples", in: *LBIYB*, Bd. IX, 1964, S. 305f.

33 *Selbstwehr,* 27. Mai 1910, S. 1f. Zur Selbstwehr, ihren Zielen und Autoren siehe *Das Jüdische Prag, Eine Sammelschrift,* Kronberg i. Taunus: Jüdischer Verlag 1978, sowie Hartmut Binder, „Franz Kafka and the Weekly Paper ‚Selbstwehr', in: *LBIYB*, Bd. XII, 1967, S. 135–148.

34 Siehe Robert S. Wistrich, „Austrian Social Democracy and the Problem of Galician Jewry 1890–1914", in: *LBIYB*, Bd. XXVI, 1981, S. 89–124.

35 Siehe „Das Ende des deutschen Liberalismus", in: *Selbstwehr,* 9, 4. März 1910.

36 Siehe Michael A. Riff, „Czech Antisemitism and the Jewish Response Before 1914", in: *Wiener Library Bulletin,* 39/40, 1976, S. 8–20.

37 Siehe z. B. Max Brod, *Im Kampf um das Judentum,* Wien und Berlin: R. Loewit 1920, sowie Eve Bock, „The German-Jewish Writers of Prague: Interpreters of Czech Literature", in: *LBIYB*, Bd. XXIII, 1978, S. 239–246; Gary B. Cohen, „Jews in German Liberal Politics: Prague, 1880–1914", in: *Jewish History,* Bd. I/1, 1986, S. 55–74. Siehe ferner Kieval, *The Making of Czech Jewry,* S. 123.

38 Kieval, *The Making of Czech Jewry,* S. 201. Zur späteren Periode siehe Antony Polonsky und Michael Riff, „Poles, Czechoslovaks and the ‚Jewish Question', 1914–1921: A Comparative Study", in: Volker R. Berghahn und Martin Kitchen (Hrsg.), *Germany in the Age of Total War,* London: Croom Helm 1980, S. 63–101.

39 Siehe Jehuda Reinharz, „The Zionist Response to Antisemitism in Germany", in: *LBIYB*, Bd. XXX, 1985, S. 105–140.

Saul Friedländer

Trauma, Erinnerung und Übertragung in der historischen Darstellung des Nationalsozialismus und des Holocaust

Psychologen haben gezeigt, daß Überlebende traumatischer Ereignisse sich in zwei unterschiedliche Gruppen einteilen lassen: solche, die das Erlebte *en bloc* verdrängen, und solche, deren Erinnerung an die traumatische Kränkung, wie zu Stein erstarrt, erhalten bleibt und alle vorherigen oder späteren Erlebnisse überlagert. Ich gehöre, ohne daß ich etwas dafür kann, der zweiten Gruppe an. Aus den zwei Jahren meines Lebens außerhalb des Gesetzes habe ich nicht das Geringste vergessen. Ohne jedes bewußte Bemühen meinerseits präsentiert mein Gedächtnis mir immer wieder Vorgänge, Gesichter, Worte, Empfindungen, als ob ich damals eine Periode außerordentlich geschärfter Wahrnehmungsfähigkeit durchlebt hätte, in der keine Einzelheit meiner Aufmerksamkeit entging. (Primo Levi)[1]

In dem kurzen autobiographischen Text „Das Erwachen", den Aharon Appelfeld vor einigen Jahren geschrieben hat, beschreibt er, wie seine Generation, die den Krieg als Kinder überlebte, bald nach ihrer Ankunft in Israel ihre frühere Identität abzulegen begann und der Kontakt mit ihrer eigenen Vergangenheit vollständig abriß. Wann immer ein Erinnerungsfetzen auftauchte, taten sie ihr möglichstes, ihn auszulöschen. Nach Jahren jedoch kam das „Erwachen".

Diese Wiederentdeckung der eigenen Vergangenheit wurde, so Appelfeld, zu einem wundersamen Wiedergeburtserlebnis, einer Art persönlicher und kollektiver Erlösung.[2] Ein solches Erlebnis ist aber eher die Ausnahme als die Regel. Und Appelfeld selbst sagt, daß er seinen Text heute etwas anders formulieren würde.

Ein ganz anderes Bild vermitteln zum Beispiel die zahlreichen, auf Video aufgenommenen Interviews mit Überlebenden des Holocaust, mit denen sich Lawrence Langer in „Ruins of Memory" beschäftigt.³ Für diese Zeugen fügen sich die persönlichen Erinnerungen und die Tatsache ihres Überlebens nicht zu einer kathartischen Wiederentdeckung eines harmonischen Selbst zusammen. Sie erleben die Vergangenheit nicht als heroische Erinnerung oder als Bestätigung eines einigenden moralischen Prinzips. „Das Bemühen dieser Zeugen sich zu erinnern", schreibt Langer, „setzt gleichsam einen verborgenen Text des Verlusts frei, der die Erzählung mit Bruchstücken von Trauer durchlöchert und ein Gefühl der Verunsicherung und Irritiertheit schafft, die sich untrennbar mit der Erleichterung über das eigene Überleben verbindet. Diese Zeugenaussagen lassen vermuten, daß diese Erleichterung keine so entscheidende Rolle spielt, wie man uns glauben gemacht hat."⁴

Langer unterscheidet zwischen verschiedenen Arten des Erinnerns, die jeweils ein unterschiedliches Verhältnis zwischen dem erinnerten Ich und der umgebenden Welt der Vernichtung nachzeichnen. Er unterscheidet ferner zwischen dem Bild, das das heutige Ich sich von der heutigen Welt, und dem, das es sich von der Vergangenheit macht. Dabei kommt es Langer darauf an zu zeigen, daß ein grundlegender Unterschied besteht zwischen der Tiefenerinnerung, die völlig auf die Jahre der Shoah konzentriert ist, und der gewöhnlichen Erinnerung, die „das Ich mit seinem normalen Alltag vor und nach dem Lagerdasein verbindet und die gleichzeitig aus heutiger Sicht mit Distanz darstellt, wie das Leben damals gewesen sein muß". Tiefenerinnerung und gewöhnliches Erinnern sind letztendlich nicht aufeinander reduzierbar. Jeder Versuch, ein kohärentes Ich aufzubauen, scheitert an der unweigerlichen Wiederkehr des Verdrängten, der Tiefenerinnerung.

Das gewöhnliche Erinnern, sei es als individueller oder kollektiver Akt, will normalerweise Kohärenz, Geschlossenheit und möglicherweise auch eine Art Erlösung schaffen, ungeachtet des Widerstandes der Tiefenerinnerung auf der persönlichen Ebene. Es bleibt die Frage, ob ein Ereignis wie die Shoah, wenn einmal auch die letzten Überlebenden verschwunden sind, auch auf der kollektiven Ebene, jenseits des individuellen Erinnerns, Spuren einer Tiefenerinnerung hinterläßt, die jedem Versuch der Sinngebung widerstehen.

Meine Vorlesung, die vor allem, wenn auch nicht ausschließlich, vom Standpunkt der Opfer geschrieben ist, konzentriert sich auf historische Darstellungsmuster im weiteren Sinne – auf die wissenschaftliche Geschichtsschreibung ebenso wie auf einige wichtige Entwicklungstendenzen im Geschichtsbewußtsein. Zunächst werde ich einige Deutungen der jüdischen Wahrnehmung von Geschichte und von Katastrophen in der Geschichte, sowohl in allgemeiner Hinsicht als auch im Hinblick auf die Shoah darstellen; dann konzentriere ich mich auf die Abwehrmechanismen in einigen historiographischen Darstellungen der NS-Ära und der Shoah, um mich schließlich der Frage zuzuwenden, was das „Durcharbeiten der Vergangenheit" eigentlich bedeutet, sowohl in bezug auf die geschichtswissenschaftlichen Darstellungsweisen als auch im Hinblick auf die allgemeinen Entwicklungstendenzen des Geschichtsbewußtseins.

Geschichtsbewußtsein und Katastrophe

Wenn Appelfeld von einer erlösenden Wiederentdeckung der Vergangenheit erzählt, dann artikuliert er damit zweifellos eine authentische, wenn auch nicht gerade typische Erfahrung. Seine Art der Aufarbeitung der Vergangenheit zeigt strukturelle Ähnlichkeiten mit früheren Versuchen, die Shoah in das kollektive Bewußtsein Israels und seine nationalen Rituale zu integrieren. Die in der Geschichte des jüdischen Volkes beispiellose Katastrophe war Anlaß für einen fundamentalen Akt geschichtlicher Erlösung: die Geburt eines souveränen jüdischen Staates. Diese Abfolge von „Katastrophe und Erlösung", die tief in der prophetischen Tradition verwurzelt ist, fand ihren Ausdruck in der offiziellen Gleichsetzung von *Shoah* und *Gvurah*, Märtyrertum und Heldentum, *shoah* und *tekumah*, Katastrophe und Auferstehung.

Solche offiziell sanktionierten ideologischen Deutungen konnten sich jedoch in der Folgezeit nicht festigen; sie verloren im Gegenteil ab Ende der sechziger Jahre für einen immer größeren Teil der israelischen Öffentlichkeit an Überzeugungskraft. Während die Shoah einerseits in den letzten Jahren im Bewußtsein Israels und des Judentums eine immer größere Rolle spielt, so werden doch andererseits die Interpretationen dieser Ereignisse immer vielfältiger und facettenreicher; eine verbindliche oder auch nur konsensfähige Interpretation ist nicht in Sicht. So gesehen haben die langfristigen Entwicklungstendenzen die früheren ideologischen Positionen weitgehend unterwandert.[5]

Die Tatsache, daß die Shoah nicht auf allgemeinverbindliche Weise ins kollektive Bewußtsein integriert werden kann, ist – wie mir scheint – ein neues Phänomen innerhalb der jüdischen Tradition. Es ist schon oft bemerkt worden, daß das Judentum im Laufe seiner Geschichte ein kollektives Gedächtnis entwickelt habe, das die Integration katastrophaler Ereignisse nach festgefügten Deutungsmustern gewährleiste. Diese Interpretationsmuster, die ursprünglich auf der Erfahrung der archetypischen Katastrophe des Judentums, der Zerstörung des Tempels, basieren und zugleich den Keim der messianischen Erlösung in sich tragen, sollen das „kreative Überleben" des Judentums zum Teil ermöglicht haben. Zu allen Zeiten haben Juden auf geschichtliche Entwicklungen in ritualisierten Formen reagiert, Formen, die zum einen auf die biblische Überlieferung (die Klagelieder) und zum anderen auf mittelalterliche und frühneuzeitliche Überarbeitungen des ursprünglichen Erlösungsparadigmas zurückgehen. Es ist auffällig, daß diese „Antworten auf die Apokalypse" an Überzeugungskraft verlieren – und auch ihre Autoren sich ihrer Gültigkeit weniger sicher scheinen –, wenn sie sich der Shoah ausgesetzt sehen, und zwar sowohl in der Kriegs- wie in der Nachkriegszeit.

Während einige Gelehrte sich mit den in der Tradition und der säkularen Literatur des Judentums verankerten Mustern des Erinnerungsverhaltens befaßten und andere die jiddische Literatur und die jüdische Volkskultur Osteuropas erforschten, untersuchte der an der Columbia University lehrende Historiker Yosef Yerushalmi die Geschichtsschreibung. Die These, die er in „Zachor"[6] aufstellte, ist eindeutig: Die traditionsgeprägte jüdische Welt integrierte katastrophale und zerrüttende geschichtliche Ereignisse mit Hilfe eines feststehenden Musters archetypischer Reaktionen. Als zeitgenössischer jüdischer Historiker ist man allerdings gezwungen, solch starre Verhaltensmuster kritisch zu hinterfragen und gegen die erlösende Macht des Mythos die Regeln der wissenschaftlichen Forschung geltend zu machen. Yerushalmi geht auf die Shoah nur in wenigen Zeilen ein. Er zieht die Schlußfolgerung, daß trotz des beispiellosen Umfangs der historischen Forschungsarbeit, die diese Katastrophe provoziert hat, die jüdische Welt nach wie vor auf einen Erlösungsmythos wartet, wie wir ihn zum Beispiel in dem Symbolismus der Kabbalah finden, dem sich die Juden nach der Vertreibung aus Spanien hingaben. Vorerst fungiert die Literatur als Ersatz.[7]

Bis heute aber, fast fünfzig Jahre nach den Ereignissen, ist offenbar noch kein mythischer Deutungsrahmen aufgetaucht, der die jüdische Phantasie prägen und konzentrieren könnte, und auch die besten von der Shoah handelnden literarischen und künstlerischen Werke weisen keinen Weg zur Erlösung. Gerade das Gegenteil scheint der Fall zu sein.

In keinem zeitgenössischen Kunstwerk wird diese fehlende Abgeschlossenheit so deutlich wie in Claude Lanzmanns Film „Shoah". Jede einzelne Zeugenaussage bleibt eine Geschichte ohne Lösung. Der Bogen, den die Darstellung insgesamt spannt, ist weder linear noch zirkulär; er bildet eine Spirale, die immer wieder zu sich selbst zurückfindet, zugleich aber auch immer in neue Bereiche vorstößt. Im Verlauf des Films, insbesondere im letzten Abschnitt, wird das mythische Moment der Befreiung, der Warschauer Ghetto-Aufstand, das in der israelischen Erinnerung der Nachkriegszeit auf dieselbe metahistorische Bedeutungsstufe wie die Katastrophe selbst gehoben wurde, zu einer Episode und Perspektive unter vielen im Kontext des Vernichtungsvorgangs reduziert.

Abwehrmechanismen

Akzeptiert man die These, daß für die Gemeinschaft der Opfer, wie für alle anderen Beteiligten auch, die NS-Epoche und der

Holocaust eine unbewältigte Vergangenheit geblieben ist, dann folgt daraus, daß der extreme Charakter der damaligen Vorgänge und die Ungewißheit in bezug auf ihre geschichtliche Bedeutung auch den Historiker in ein Feld der Projektionen, der unbewußten Gestaltungen und Umgestaltungen versetzen, in eine echte Übertragungssituation. „Der Holocaust", schreibt Dominick LaCapra, „konfrontiert den Historiker mit einer Übertragung in einer denkbar traumatischen Form – in einer Form freilich, die je nach der subjektiven Position des Analytikers variiert. Ob der Historiker oder Analytiker selbst ein Überlebender, Verwandter von Überlebenden, Ex-Nazi, Ex-Kollaborateur, ein Verwandter ehemaliger Nazi oder Kollaborateure ist, ob er sich als jüngerer Jude oder Deutscher mit größerer Distanz zu der unmittelbaren Erfahrung des Überlebens, des Mitmachens oder der Kollaboration, oder von einer relativen Außenseiterposition der Problematik nähert, all diese Unterschiede werden unterschiedliche Einstellungen und Interpretationen zur Folge haben, sogar in bezug auf die Bedeutung formal gleichlautender Aussagen."[8]

Mit generalisierenden Argumenten kann man in diesen Dingen zweifellos nur ungefähre Hinweise geben. Eine unbestimmte Anzahl psychologischer Aspekte verbindet sich mit jeder der von LaCapra aufgezählten Positionen. Es genügt, sich in Erinnerung zu rufen, in welchem Maße überlebende Opfer Gefühle der Scham, Schuld, des Selbsthasses und alle Nuancen der Ambivalenz empfinden, um ermessen zu können, wie unterschiedlich Schilderungen gedeutet werden können, die scheinbar von einem klar definierten, identischen Standpunkt ausgehen. Für manche Deutsche, die die NS-Ära miterlebten, mag das ganze Spektrum innerer Konflikte mit der Vielfalt ihrer möglichen Ausgänge ebenso entmutigend sein wie für die Opfer.

Wenn wir uns der Einfachheit halber einmal auf Deutsche und Juden beschränken, die die NS-Periode miterlebt haben, so gilt für sie – und sogar auch noch für die Kinder dieser Gruppen –, daß gewisse Aspekte der Vergangenheit, die für die eine Seite traumatisch waren bzw. sind, auf der anderen keine ähnlichen Reaktionen hervorrufen. Für Juden, gleich welchen Alters, war und ist die grundlegende traumatische Situation in der Shoah und ihren Folgen gegeben; für Deutsche war es der „Zusammenbruch" (einschließlich der Flucht vor den Russen und des Verlusts der nationalen Souveränität) nach einer Zeit nationalen Überschwangs. Hier muß freilich eine Folge besonderer Art erwähnt werden: das sich im Laufe der Zeit verdichtende Wissen um die NS-Verbrechen, besonders den Völkermord. Die Opfer des Nationalsozialismus müssen mit einer fundamental traumatischen Situation fertig werden, viele Deutsche dagegen mit einem sich ausweitenden Makel, mit potentieller Scham oder Schuld.

Die Verdrängung der NS-Ära aus dem öffentlichen Diskurs in Deutschland ist in zahllosen Untersuchungen dokumentiert.[9] Sie soll nicht Thema dieses Vortrags sein. Erlauben Sie mir aber einige Anmerkungen zu einem bestimmten Abwehrmechanismus innerhalb der jüngsten deutschen Geschichtsschreibung bzw. der Darstellung der NS-Epoche. Ich möchte diesen Mechanismus als „Abspaltung" bezeichnen. Er manifestierte sich in der Debatte über die „Historisierung des Nationalsozialismus". In der ersten Phase dieser Debatte blieb ein Ort namens Auschwitz unerwähnt. Im weiteren Verlauf der Debatte wurde der Gedanke an die Zentralität von Auschwitz zunächst nur und spezifisch in bezug auf die Erfahrungen und Erinnerungen der Opfer zugelassen. Dann wurde argumentiert, die quasi mythische Dimension von Auschwitz in der Erinnerung der Opfer müsse *neben* einem nuancierteren Herangehen an die Geschichte der Epoche berücksichtigt werden.[10] Kurz gesagt, Tatsachen, die wohlbekannt waren – zu bekannt in einem gewissen Sinn – wurden vom Hauptstrang der Kontroverse abgespalten, da sie den neuen Zugang zur Geschichte Deutschlands unter dem Nationalsozialismus zwangsläufig mit Problemen befrachtet hätten. Niemand wies einen eindeutig gangbaren Weg für ihre Integration.

Der Mechanismus der Abspaltung hat zu einer wachsenden Fragmentierung in der historiographischen Darstellung der NS-Epoche geführt. Das Studium des Nazismus ist zur Zeit öfters auseinandergebrochen in einzelne, spezialisierte, untereinander unverbundene Themen, die von den „bereits allgemein bekannten Tatsachen" der Judenverfolgung und Massenvernichtung nicht mehr viel Aufhebens machen. Die Forschung zerfasert in ein immer kleinteiligeres Studium verschiedener Aspekte des sozialen Wandels im Dritten Reich, ohne daß ein verbindlicher und umfassender Deutungsrahmen vorläge.[11] Viele dieser Verschiebungen haben auch in Filmen auf die eine oder andere Weise ihren Niederschlag gefunden. Der deutsche Filmproduzent und Regisseur Edgar Reitz kritisierte einst, die NBC habe mit ihrer „Holocaust"-Serie Diebstahl an der deutschen Erinnerung begangen. Seine Antwort hierauf war die Serie „Heimat", die möglicherweise Diebstahl an der Erinnerung der Opfer begangen hat. Danach folgte Lanzmanns „Shoah". „Heimat" könnte am Ende „Shoah" verdrängen; „Shoah" ist vielleicht zu unerträglich, um „Heimat" neutralisieren zu können. Es wird fast zwangsläufig so kommen, daß die ästhetische und nostalgische Attraktion, die von „Heimat" ausgeht, die Oberhand behalten wird über den ethischen Imperativ der Erinnerung an die „Shoah".

In der Geschichtsschreibung und Erinnerungsliteratur der Opfer begegnet man Abwehrmechanismen, die sich äußerlich nicht unbedingt von denen unterscheiden, die man in der deutschen historiographischen Diskussion ausmachen kann. Hinter dieser äußerlichen Ähnlichkeit verbergen sich aber vollkommen unterschiedliche Haltungen.

Die nach Kriegsende einsetzende 15- oder 20jährige „Latenzperiode", während derer in der Öffentlichkeit – vor allem in der amerikanischen – über die Shoah weder gesprochen noch geschrieben wurde, sollte nicht ausschließlich als Produkt einer massiven Verdrängung gedeutet werden, wie sie in Deutschland stattfand. Es gab *innerhalb* der Gruppe der Überlebenden kein Verschweigen; nur gegenüber der Außenwelt scheute oder schämte man sich, die eigene Geschichte zu erzählen, eine Geschichte, die unglaublich erscheinen mußte und jedenfalls den Erfahrungshorizont der Gesellschaft, in der man lebte, vollkommen sprengte. Gebrochen wurde das Schweigen, vor allem in Israel, von 1951 an im Gefolge der Debatte über das Wiedergutmachungsabkommen mit Deutschland, im Zusammenhang mit dem Kastner-Prozeß und schließlich endgültig im Verlauf des Eichmann-Prozesses. Es kam zu einem intensiven emotionalen Aufruhr, zu einem Zeitpunkt als sowohl der öffentliche als auch der private Bereich noch von den gegenläufigen Strömungen eines verletzlichen Bewußtseins und einer hartnäckigen Verleugnung geprägt waren.

Vor diesem Hintergrund darf das langjährige Schweigen der jüdischen Intellektuellen, namentlich der Historiker unter ihnen, nicht unerwähnt bleiben. Die berühmtesten jüdischen Historiker der Nachkriegszeit verloren in den fünfziger und sechziger Jahren kein Wort über die Shoah (und übrigens auch später nicht). Felix Gilbert und Lewis Namier avancierten, wie einige ihrer deutschen Kollegen, zeitweilig zu Experten in der Erforschung der nationalsozialistischen Diplomatie und Strategie. Hans Rosenberg blieb bei der deutschen Sozial- und Wirtschaftsgeschichte im 19. Jahrhundert, und an der Columbia University versuchte Franz Neumann, der gefeierte Autor von „Behemoth", Raul Hilberg sein Vorhaben einer Dissertation über die Vernichtung des europäischen Judentums auszureden.[12] „Auschwitz" erschien – im Gegensatz zu anderen Aspekten des Nazismus – als Thema ausgeschlossen. Innerhalb der jüdischen Intelligenz waren Theodor Adorno, Hannah Arendt und offensichtlich auch Salo Baron einsame Rufer in einer Wüste des Schweigens. Außer ihnen sprachen nur noch einschlägige Spezialisten wie Yivo-Mitarbeiter in New York, die in Israel arbeitenden Shoah-Forscher und Privatgelehrte wie Leon Poliakov in Frankreich oder Gerald Reitlinger in England über die Shoah. Daß einige der besten Kenner und Lehrer der neueren deutschen Geschichte den Holocaust mit keinem Wort oder nur beiläufig erwähnten, ist ein Kapitel für sich.

Die Fragmentierung des Forschungsfeldes, die so kennzeichnend ist für einen großen Teil der heutigen deutschen Geschichtsschreibung über die NS-Ära, findet ihre Entsprechung, wenn auch mit gewissen Unterschieden, in der jüdischen Historiographie. Auch jüdische Historiker tun sich offenbar schwer, eine umfassende Geschichte der Ausrottung der europäischen Juden zu schreiben, die mehr wäre als bloß ein Abriß der Fakten, eine Analyse des inneren Räderwerks des Vernichtungsapparats oder ein Kompendium einzelner selbständiger Abhandlungen. Die „Endlösung" hat ihren Historiker noch nicht gefunden, und es handelt sich dabei um mehr als nur ein handwerkliches Problem.

Bei genauerem Hinsehen erkennt man, daß nach der anfänglichen Phase des Schweigens die meisten Historiker, die sich überhaupt auf das Thema einließen (von den ideologisch orientierten historischen Schulen einmal abgesehen), sich entweder mit den Hintergründen befaßten oder aber die Shoah in ihrem Verlauf nachzuzeichnen versuchten; nie ist meines Wissens der Versuch unternommen worden, beide Ansätze ineinander zu integrieren. Für diese historiographische Arbeitsteilung mag es mehrere unbewußte Motive gegeben haben, vor allem bei Historikern, die die NS-Zeit persönlich erlebt hatten. Ihre emotionalen und geistigen Erfahrungen waren von weitgehend unverarbeiteten Brüchen geprägt, entweder auf der Ebene der unmittelbaren Erfahrung oder der geistig intellektuellen Entwicklung. Diese Brüche (man könnte hier den Begriff der Tiefenerinnerung in einem abgeschwächten Sinn verwenden) kommen in verschiedenen Aspekten ihrer Arbeit zum Vorschein, in mehr Aspekten, als an dieser Stelle analysiert werden können. Was die Generation nach ihnen betraf, so lehnte ihre Arbeit sich, wie mir scheint, eng an die vorgegebenen Muster an. Kurz gesagt: Trotz eines immensen Aufwandes an dokumentarischer und monographischer Forschung und Darstellung ist meiner Ansicht nach die Interpretation der Shoah in der jüdischen Geschichtsschreibung nach wie vor durch ideologische Verengung (wie zum Beispiel in dem Motiv von „Katastrophe und Erlösung") und eine lähmende Hemmung vor dem Versuch einer umfassenden Interpretation beeinträchtigt. Seit nunmehr fast fünfzig Jahren werden wir mit überladenen Deutungen auf der einen und bloßen Faktenaufzählungen ohne ein Mehr an Deutung oder Darstellung auf der anderen Seite konfrontiert. In diese Beurteilung möchte ich auch meine eigenen Arbeiten einschließen.

Über das Durcharbeiten

Freud definiert in „Jenseits des Lustprinzips" traumatische Erlebnisse als „Erregungen von außen, die stark genug sind, den Reizschutz zu durchbrechen". Er fährt fort: „Ich glaube, daß der Begriff des Traumas eine solche Beziehung auf eine sonst wirksame Reizabhaltung erfordert. Ein Vorkommnis wie das äußere Trauma wird gewiß eine großartige Störung im Energiebetrieb des Organismus hervorrufen und alle Abwehrmittel in Bewegung setzen."[13]

Abgesehen von dem Bemühen, sich der schon genannten Abwehrmechanismen bewußt zu werden und sie zu überwinden, besteht das Problem für die Historiker der Shoah vor allem darin, bei der Auseinandersetzung mit den Echos einer traumatischen Vergangenheit immer wieder einen Ausgleich zwischen den den „Reizschutz" durchbrechenden Emotionen und einer im Dienst eben dieses Reizschutzes stehenden „Dickfelligkeit" herzustellen. Die geistige Auseinandersetzung mit der Shoah hat in der Tat eine abstumpfende und distanzierende Wirkung, die unvermeidlich und notwendig ist; ebenso notwendig sind aber auch heftige emotionale Reaktionen, die meist unerwartet eintreten.

„Durcharbeiten" bedeutet zunächst einmal, sich beider Tendenzen bewußt zu sein und, wenn immer möglich, die Balance zwischen beiden zu halten. Allerdings unterliegt weder der Abstumpfungsmechanismus noch der gelegentliche Durchbruch von Emotionen völlig der Kontrolle des Bewußtseins. Ein aufschlußreiches Beispiel hierfür bietet das maßgebende Werk von Raul Hilberg.[14] Es gelingt ihm darin besser als den meisten von uns, ein Gleichgewicht zwischen dem notwendigen Maß an „Abstumpfung" oder Distanziertheit und Momenten heftigster Emotionalität zu wahren. Doch gelegentlich leitet er einen Teil dieser Emotionalität in eine überzogen kritische Bewertung des Verhaltens der Opfer ab.

Einer der Hauptaspekte des Durcharbeitens liegt jedoch anderswo: Für den Historiker geht damit das Gebot einher, eine so wahrhaftige Darstellung zu liefern, wie die verfügbaren Dokumente und Zeugenaussagen es nur zulassen, *ohne sich zu vorschnellem Abschließen verleiten zu lassen.* Denn letzteres bedeutet, alles das zu vermeiden, was ungeklärt, unfaßbar und undurchsichtig bleibt. Oder anders ausgedrückt: Durcharbeiten heißt für den Historiker, sich dem Dilemma zu stellen, dem wir uns, wie Jean-François Lyotard gesagt hat, im Angesicht von „Auschwitz" zu entziehen versuchen: „Das Schweigen", schreibt Lyotard, „das den Satz ‚Auschwitz war ein Vernichtungslager' umgibt, ist kein Gemütszustand, sondern ein Zeichen dafür, daß etwas Ungeäußertes, Unbestimmtes zu äußern bleibt."[15]

Die Notwendigkeit des Kommentars

Solch eine Selbstwahrnehmung sollte ihrerseits der kritischen Deutung zugänglich sein. Daraus folgt, wie mir scheint, daß diese schwierige historiographische Aufgabe die sporadische, aber kraftvolle Gegenwart des Kommentars verlangt. Ob dieser Kommentar in die narrative Struktur einer historischen Abhandlung eingebettet ist oder als selbständiger Text beigefügt wird, ist frei entscheidbar, doch muß jedenfalls die Stimme des Kommentators deutlich hörbar sein. Der Kommentar sollte den selbstverständlich wirkenden linearen Fortgang der Darstellung unterbrechen, alternative Deutungsmöglichkeiten aufzeigen, diese oder jene Aussage kritisch hinterfragen und dem Drang zur abschließenden Deutung entgegenwirken. Weil keine historiographische Darstellung ohne eine narrative Strukturierung des Materials auskommt, könnte der Kommentator bruchstückhafte oder konstant wiederkehrende Reflexe einer traumatischen Vergangenheit einstreuen, indem er sich in eine beliebige Zahl unterschiedlicher Standpunkte hineinversetzt.

Die durch den Kommentar hinzugefügte Dimension könnte eine Integration der Erinnerung der Opfer in den allgemeinen Darstellungsrahmen ermöglichen, ohne daraus ein Hemmnis für eine „rationale Historiographie" zu machen. Wenn die historische Erzählung beispielsweise die gewöhnlichen Aspekte des

Alltagslebens herausarbeiten würde, aus denen die Erfahrung der NS-Ära zum allergrößten Teil bestand, könnten die Erinnerungen der Opfer wenigstens auf der Ebene des Kommentars „Einspruch" erheben und das Gewebe jener Normalität durchreißen.

Die Wiedereinführung der individuellen Erinnerung in die Gesamtdarstellung der NS-Epoche impliziert auch den Gebrauch der zeitgenössischen sprachlichen Formen für die direkte und indirekte Darstellung dieser Erfahrung. Durcharbeiten heißt, in einem Bereich, in dem vorrangig von politischen Entscheidungen und staatlichen Verordnungen die Rede ist, die die Konkretheit von Verzweiflung und Tod neutralisieren, *sich mit der Stimme des einzelnen auseinanderzusetzen*. Die Alltagsgeschichte der deutschen Gesellschaft führt ihren natürlichen Schatten mit sich: die Alltagsgeschichte ihrer Opfer. In einem Brief vom Juni 1939 erzählt Walter Benjamin, daß die Wiener Gasanstalt „die Belieferung der Juden mit Gas eingestellt" hat, da vorzugsweise die größten unter den jüdischen Abnehmern das Gas zum Zweck des Selbstmords benutzt hätten und ihre Rechnungen unbezahlt geblieben seien.[16]

Sinn und Zweck eines so verstandenen Kommentars sollte es keinesfalls sein, „mittels Faktum und Fiktion, Dokument und imaginativer Rekonstruktion darüber nachzudenken, wie Geschichte gemacht wird".[17] Durcharbeiten bedeutet vielmehr eine Konfrontation mit den nackten konkreten Fakten, die andernfalls, wenn sie zu bloßen Daten kondensiert werden, ihr historisches Gewicht einbüßen. Raul Hilberg erwähnt den Bericht eines deutschen Truppenkommandeurs über den Einmarsch seiner Einheit in die russische Stadt Mariupol im Jahre 1941. Ohne ein weiteres Wort meldet er: „Die 8000 Juden von Mariupol sind erschossen worden."[18] Durcharbeiten bedeutet letzten Endes, gegen die Grenzen der erforderlichen und immer überforderten Vorstellungskraft anzugehen.

Versuch eines Resümees

Ob man in der Shoah einen einzigartigen Vorgang sieht oder sie unter eine umfassendere historische Kategorie subsumiert, ändert nichts an der Möglichkeit, aus ihr bestimmte universell gültige Lehren zu ziehen. Schwierig wird es, wenn man diese Feststellung umkehrt. Keine universelle Lehre muß, so scheint es, in einen Bezug zur Shoah gesetzt werden, um gültig zu sein. Die Shoah beinhaltet einen Überschuß, und dieser Überschuß ist das „noch nicht Artikulierte, noch nicht Erfaßte".

Auf der individuellen Ebene scheint ein erlösendes Schlußwort in bezug auf die Shoah, ein Wort mit tröstender oder heilender Wirkung, so gut wie unmöglich, so wünschenswert es auch wäre. Auf der kollektiven Ebene dagegen wird, bei aller heute noch empfundenen Unerhörtheit der Ereignisse, die Zeit zweifellos den Überschuß abbauen. Diese Entwicklung wird sich auch auf die Arbeit der meisten Historiker auswirken, eine Folge vielleicht dessen, was treffend als die „Entsublimierung" der Geschichtsschreibung bezeichnet worden ist.[19] Wir müssen uns daher, zumal eingedenk gewisser bereits zum Ritual gewordener Formen des Gedenkens, auf eine zunehmende Neigung zur abschließenden Beurteilung ohne wirkliche Bewältigung einstellen, zumindest im öffentlichen Bewußtsein.

Zwei Ausnahmen von dieser Voraussage sind denkbar: Entgegen den gegenwärtigen Tendenzen in der Geschichtsschreibung könnte der Versuch einer Schärfung des historischen Bewußtseins unternommen werden, wobei vielleicht einige der oben angestellten Überlegungen als Ausgangspunkt und Richtschnur dienen könnten.

Und dann ist eine wachsende Sensibilität für die Darstellung der Shoah in Literatur und Kunst zu konstatieren. Die Stimmen der zweiten Generation stehen den besten Arbeiten aus den Reihen der Zeitgenossen des Dritten Reichs an Kraft nicht nach. Die Sensibilisierung beschränkt sich nicht auf die Gruppe der Opfer. Manchmal meldet sie sich unerwartet aus einem anderen kulturellen Umfeld, wie im Fall eines indischen Romanciers, der gerade jetzt über die Shoah schreibt. Es ist ohne weiteres denkbar, daß für manche das Trauma, die moralische Ungeheuerlichkeit, das Rätsel, dessen Entschlüsselung niemals einen voll verständlichen Text zu ergeben scheint, eine andauernde emotionale und geistige Herausforderung bleiben wird. Ich möchte allerdings die Voraussage wagen, daß, selbst wenn sich neue Formen der Darstellung von Geschichte oder neue Formen ihrer Präsentation entwickeln sollten, und auch wenn Literatur und Kunst die Vergangenheit aus ungewohnten Blickwinkeln betrachteten, die Undurchsichtigkeit einer Tiefenerinnerung nicht aufgehoben würde. „Durcharbeiten" könnte am Ende darauf hinauslaufen, daß man, nach der Formulierung Maurice Blanchots, „wacht über eine abwesende Bedeutung".[20]

1 Primo Levi, *Moments of Reprieve*, New York 1987, S. 10f.
2 Aharon Appelfeld, „The Awakening: On a Pervasive Feeling", in: Geoffrey Hartman (Hrsg.), *Shapes of Memory*, Oxford 1992. (in Vorbereitung)
3 Lawrence L. Langer, *The Ruins of Memory. Holocaust Testimonies*, New Haven 1991.
4 Lawrence L. Langer, „Remembering Survival", in: Geoffrey Hartman (Hrsg.), a.a.O.
5 Saul Friedländer, „The Shoah between Memory and History", in: *The Jerusalem Quarterly*, 53, 1990, S. 115–126.
6 Yosef H. Yerushalmi, *Zakhor, Jewish History and Jewish Memory*, Seattle 1982. (dt. *Zachor: erinnere dich!: jüdische Geschichte und jüdisches Gedächtnis*. Aus d. Amerikanischen v. Wolfgang Heuss, Berlin 1988); Alan Mintz, *Hurban: Responses to Catastrophe in Hebrew Literature*, New York 1984; David G. Roskies, *Against the Apocalypse: Responses to Catastrophe in Modern Jewish Culture*, Cambridge 1984.
7 Yosef H. Yerushalmi, a.a.O., S. 99.
8 Dominick LaCapra, „Representing the Holocaust: Reflections on the Historians' Debate", in: Saul Friedländer (Hrsg.), *Probing the Limits of Representation: National-Socialism and the ‚Final Solution'*, Cambridge/Mass. 1992, S. 110.
9 Siehe beispielsweise Alexander und Margarethe Mitscherlich, *Die Unfähigkeit zu trauern. Grundlagen kollektiven Verhaltens*, München 1967; oder Eric L. Santner, *Stranded Objects: Mourning, Memory, and Film in Postwar Germany*, Ithaca 1990.
10 Wer sich für den Briefwechsel zwischen Martin Broszat und mir im Anschluß an seine „Plea" interessiert, mag ihn nachlesen bei Peter Bald-

win (Hrsg.), *Reworking the Past: Hitler, the Holocaust and the Historians' Debate*, Boston 1990; vgl. Martin Broszat/Saul Friedländer, „Um die ‚Historisierung des Nationalsozialismus'", in: *Vierteljahreshefte für Zeitgeschichte*, 36, April 1988, S. 339–372. Martin Broszat, „Plädoyer für eine Historisierung des Nationalsozialismus", in: Herman Graml und Klaus-Dietmar Henke (Hrsg.), *Nach Hitler: Der schwierige Umgang mit unserer Geschichte, Beiträge von Martin Broszat*, München 1986, S. 159–173.

11 Siehe beispielsweise Rainer Zitelmann und Michael Prinz (Hrsg.), *Nationalsozialismus und Modernisierung*, Darmstadt 1991. Meine Feststellung trifft nicht durchgängig zu. Aber in manchen Fällen ist der verwendete Deutungsrahmen problematischer als das Fehlen eines solchen. Siehe etwa bei Götz Aly und Susanne Heim, *Vordenker der Vernichtung: Auschwitz und die deutschen Pläne für eine neue europäische Ordnung*, Hamburg 1991.

12 Dazu Raul Hilberg / Alfons Söllner, „Das Schweigen zum Sprechen bringen. Ein Gespräch über Franz Neumann und die Entwicklung der Holocaust-Forschung", in: Dan Diner (Hrsg.), *Zivilisationsbruch: Denken nach Auschwitz*, Frankfurt am Main 1988.

13 Sigmund Freud, „Jenseits des Lustprinzips", in: ders., *Das Ich und das Es. Und andere metapsychologische Schriften*, Frankfurt am Main 1978, S. 140.

14 Raul Hilberg, *The Destruction of the European Jews*, Chicago 1961 (dt. *Die Vernichtung der europäischen Juden*, Frankfurt a. M. 1990, durchges. u. erw. Ausgabe).

15 Jean-François Lyotard, *The Differend: Phrases in Dispute*, Minneapolis 1988, S. 56f. (dt. *Der Widerstreit*, München 1987, S. 166).

16 Die „Anekdote" findet sich im Postskriptum des betreffenden Briefs. Walter Benjamin, *Briefe 2*, Frankfurt am Main 1978, S. 820.

17 Das Zitat stammt aus dem Klappentext von Simon Schamas Buch *Dead Certainties (Unwarranted Speculations)*, New York 1992.

18 Raul Hilberg, „I was not there", in: Berel Lang (Hrsg.), *Writing and the Holocaust*, New York 1988, S. 18.

19 Hayden White, „The Politics of Historical Interpretation", in: *The Content of the Form: Narrative Discourse and Historical Representation*, Baltimore 1987, S. 58–82 (dt. *Die Bedeutung der Form: Erzählstrukturen in der Geschichtsschreibung*, Frankfurt a. M. 1990).

20 Maurice Blanchot, *The Writing of the Disaster*, Lincoln 1986, S. 42.

Die Autoren

Saul Friedländer, geb. 1932 in Prag, ist Professor für Contemporary European History an der Universität Tel Aviv sowie der University of California, Los Angeles. Er lehrte vorher am Graduate Institute of International Studies in Genf und an der Hebrew University in Jerusalem. 1983 erhielt er den Israel Prize for History.

Veröffentlichungen (u. a.): *Auftakt zum Untergang. Hitler und die Vereinigten Staaten von Amerika 1939–41* (1965); *Pius XII und das Dritte Reich. Eine Dokumentation* (1965); *Kurt Gerstein oder die Zwiespältigkeit des Guten* (1968); *Wenn die Erinnerung kommt* (1979, Taschenbuchausgabe 1991); *Kitsch und Tod: der Widerschein des Nazismus* (1984, Taschenbuchausgabe 1986); Hrsg. von *Probing the Limits of Representation: Nazism and the ›Final Solution‹* (1992; erscheint auf deutsch 1993). Saul Friedländer ist Senior Editor der Zeitschrift *History and Memory* (hrsg. an der Universität Tel Aviv).

Amos Funkenstein, geb. 1937 in Israel; nach Schulabschluß im Jahre 1953 leistete er zunächst für zweieinhalb Jahre seinen Armeedienst ab und studierte dann zwei Jahre lang an der Hebrew University in Jerusalem. Er setzte sein Studium an der Freien Universität Berlin fort, wo er im Jahre 1965 in Geschichte und Philosophie mit einer Arbeit über die mittelalterliche Geschichtsphilosophie promoviert wurde. (veröffentlicht unter dem Titel: *Heilsplan und natürliche Entwicklung,* 1965). Amos Funkenstein war dann bis 1967 Assistent am Institut für Mittelalterliche Geschichte der Freien Universität Berlin. Im Jahre 1967 ging er als Associate Professor an die University of California, Los Angeles. Im Jahre 1973 wurde er Full Professor. Von 1986 bis 1989 war er Koshland Professor of Jewish Culture and History an der Stanford University. Im Jahre 1989 kehrte er als Professor für Geschichte an die University of California, Los Angeles, zurück. Er ist gleichzeitig Inhaber des Master Chair in History and Philosophy of Science an der Universität Tel Aviv, wo er regelmäßig ein Vierteljahr lehrt.

Veröffentlichungen: *Theology and the Scientific Imagination from the Middle Ages to the Seventeenth Century* (1986); *Maimonide. Nature, histoire et messianisme* (1988); *An Introduction to Medieval Biblical Exegesis* (1988, auf hebräisch); *Preceptions of Jewish History* (in Vorbereitung).

Eberhard Jäckel, geb. 1929, ist Professor für Neuere Geschichte und Direktor des Historischen Instituts der Universität Stuttgart; Studium in Göttingen, Tübingen, Freiburg/Br., Gainesville (Florida, USA) und Paris. Gastprofessor in Chandigarh (Indien), Oxford (England) und Tel Aviv (Israel); seit 1967 Ordinarius in Stuttgart.

Veröffentlichungen: Insbesondere zur Neuesten Geschichte und Zeitgeschichte, u. a. *Frankreich in Hitlers Europa* (1966, übers. ins Franz.); *Hitlers Weltanschauung* (1969, Neuausgabe 1981, übers. auch ins Engl., Franz., Ital. und Polnische); *Hitlers Herrschaft* (1986, übers. ins Polnische u. Hebräische); *Umgang mit Vergangenheit* (1989); Hrsg. von *Hitler, Sämtliche Aufzeichnungen 1905-1924* (1980); Geschwister-Scholl-Preis 1990 zusammen mit Lea Rosh für *Der Tod ist ein Meister aus Deutschland. Deportation und Ermordung der Juden. Kollaboration und Verweigerung in Europa* (1990).

Christian Meier, geb. 1929, ist Professor für Alte Geschichte an der Universität München. 1980–1988 war er Vorsitzender des Verbands der Historiker Deutschlands.

Veröffentlichungen u. a.: *Res Publica Amissa* (3. Aufl. 1988); *Entstehung des Begriffs ‚Demokratie'* (4. Aufl. 1981); *Die Ohnmacht des allmächtigen Diktators Caesar* (1980); *Die Entstehung des Politischen bei den Griechen* (3. Aufl. 1989); *Caesar* (2. Aufl. 1982); *Politik und Anmut* (1985); *Kannten die Griechen die Demokratie?* (zus. mit P. Veyne, 2. Aufl. 1989); *Die politische Kunst der griechischen Tragödie* (1988); *Die Welt der Geschichte und die Provinz des Historikers. Drei Überlegungen* (1989); *Deutsche Einheit als Herausforderung* (1990); *Die Nation, die keine sein will* (1991). Die meisten seiner Bücher sind auch in anderen Sprachen erschienen.

Michael A. Meyer, geb. 1937 in Berlin; 1941 Emigration nach Amerika. Er ist Adolph S. Ochs Professor für Jüdische Geschichte am Hebrew Union College, Cincinnati. Er studierte an der University of California, Los Angeles, am Hebrew Union College, Los Angeles und am Hebrew Union College, Cincinnati (dort Habilitation). Von 1964 bis 1967 Dozent am Hebrew Union College, Los Angeles; seit 1967 in Cincinnati. Gastprofessuren an der University of California, Los Angeles, am Antioch College, University of Haifa, an der Ben Gurion University in Beersheba, der Hebrew University in Jerusalem. Michael A. Meyer ist internationaler Präsident des Leo Baeck Instituts, New York.

Veröffentlichungen u. a.: *The Origins of the Modern Jew. Jewish Identity and European Culture in Germany 1749–1824* (1967) – ein mehrfach ausgezeichnetes Werk. Die Bücher *Ideas of Jewish History* (1974) und *Response to Modernity. A History of the Reform Movement in Judaism* (1988) wurden ebenfalls prämiert. *Jewish Identity in the Modern World* (1990).

Jehuda Reinharz, geb. 1944 in Haifa, ist seit 1982 Richard Koret Professor für Neue Jüdische Geschichte und Direktor des Tauber Instituts für die Erforschung des Europäischen Judentums an der Brandeis University, Massachusetts. Von 1972 bis 1982 war er Professor für Geschichte an der University of Michigan. Er ist Mitglied der American Historical Association, der World Union Jewish Studies, des International adv. Council Yad Vashem. Er erhielt zahlreiche Ehrungen, z. B. den ‚President of Israel Prize, 1990' und ist Fellow des Leo Baeck Instituts.

Veröffentlichungen: *Fatherland or Promised Land. The Dilemma of the German Jew 1893–1914*(1975); *Hashomer Hazair in Deutschland, 1931 bis 1939* (1989); *Chaim Weizmann, The Making of a Zionist Leader* (1985); *Chaim Weizmann, The Making of a Statesman* (1992); Mitautor bei: *The Jew in the Modern World* (1980); *Israel in the Middle East (1984);* Hrsg. von: *Dokumente zur Geschichte des deutschen Zionismus 1882–1893* (1981).

David Sorkin, geb. 1953 in Chicago; seit 1992 Weinstein Professor für moderne jüdische Geschichte an der University of Wisconsin. Studium der Judaistik und Literaturwissenschaft an der University of Wisconsin; Studium der Germanistik und Philosophie an der Universität Freiburg; Promotion an der University of California in Berkeley. Von 1983 bis 1986 Dozent an der Brown University, von 1986 bis 1992 Fellow des St. Antony's College and Centre for Postgraduate Hebrew Studies, Oxford University. Gastprofessur an der École des Hautes Études en Sciences Sociales, Paris.

Veröffentlichungen u. a.: *The Transformation of German Jewry, 1740–1840* (1987); Mitherausgeber von *From East and West: Jews in an changing Europe, 1750–1870* (1990); Hrsg. der Forschungsreihe *Jewish Society and Culture.*

Shulamit Volkov, geb. 1942 in Tel Aviv, studierte Geschichte und Philologie an der Hebrew University in Jersualem und an der University of California in Berkeley. Sie ist Professorin für Neuere Geschichte an der Universität Tel Aviv und Leiterin des Instituts für deutsche Geschichte an ihrer Universität. Shulamit Volkov war Fellow am St. Antony's College Oxford, im Wissenschaftskolleg zu Berlin und im Historischen Kolleg München.

Veröffentlichungen: *The Rise of Popular Antimodernism. The Urban Master Artisans 1873–1896* (1978); *Jüdisches Leben und Antisemitismus im 19. und 20. Jahrhundert* (1990); *Die Juden in Deutschland 1770–1918* (erscheint 1993).

Buchanzeigen

Geschichte und Kultur der Juden

Franz Josef Bautz (Hrsg.)
Geschichte der Juden
Von der biblischen Zeit bis zur Gegenwart
4., unveränderte Auflage. 1992. 248 Seiten. Paperback
Beck'sche Reihe Band 268

Haim Hillel Ben-Sasson (Hrsg.)
Geschichte des jüdischen Volkes
Von den Anfängen bis zur Gegenwart
Unter Mitwirkung von Haim Hillel Ben-Sasson, Shmuel Ettinger,
Abraham Malamat, Hayim Tadmor, Menahem Stern, Shmuel Safrai. 1992.
VIII, 1404 Seiten, 28 Karten im Text. Leinen
Beck's Historische Bibliothek

Wolfgang Benz (Hrsg.)
Die Juden in Deutschland 1933–1945
Leben unter nationalsozialistischer Herrschaft
Unter Mitarbeit von Volker Dahm, Konrad Kwiet, Günter Plum,
Clemens Vollnhals, Juliane Wetzel.
2., unveränderte Auflage. 1992. 779 Seiten, 27 Abbildungen. Gebunden

Jacob Katz
Vom Vorurteil bis zur Vernichtung
Der Antisemitsmus 1700–1933
Aus dem Englischen von Ulrike Berger.
1989. 375 Seiten. Gebunden

Günter Stemberger
Der Talmud
Einführung – Texte – Erläuterungen
2., durchgesehene Auflage. 1987. 324 Seiten. Leinen

Günter Stemberger
Midrasch
Vom Umgang der Rabbinen mit der Bibel
Einführung – Texte – Erläuterungen
1989. 242 Seiten. Leinen

Verlag C. H. Beck München

Geschichte und Kultur der Juden

Else R. Behrend-Rosenfeld
Ich stand nicht allein
Leben einer Jüdin in Deutschland 1933–1944
Mit einem Nachwort von Marita Krauss.
1988. 270 Seiten. Paperback
Beck'sche Reihe Band 351

Wolfgang Benz (Hrsg.)
Das Exil der kleinen Leute
Alltagserfahrungen deutscher Juden in der Emigration
1991. 344 Seiten. Leinen

Manfred Clauss
Geschichte Israels
Von der Frühzeit bis zur Zerstörung Jerusalems (587 v. Chr.)
1986. 238 Seiten, 26 Abbildungen. Broschiert

Günter Stemberger (Hrsg.)
Die Juden
Ein historisches Lesebuch
3. Auflage. 1991. 348 Seiten, 4 Abbildungen. Paperback
Beck'sche Reihe Band 410

Shulamit Volkov
Jüdisches Leben und Antisemitismus im 19. und 20. Jahrhundert
Zehn Essays
1990. 234 Seiten. Broschiert

Mark Zborowski / Elizabeth Herzog
Das Schtetl
Die untergegangene Welt der osteuropäischen Juden
3. Auflage. 1992. 362 Seiten, 19 Abbildungen. Gebunden

Verlag C. H. Beck München